KB037815

돈 공부를 시작하고 인생의 불안이 사라졌다

할미언니 지음

필름

밑는 구석 없는
우리를 위한
매운맛 재테크 멘탈 수업

수많은 재테크 채널 중에서도 할미언니가 유독 기억에 남아있다. 억양과 말솜씨가 가지는 독특한 끌림도 있었지만, 화면 너머로 전해지는 진정성 담긴 눈빛과 강렬한 목소리가 내 마음을 울렸다. 얼마 전 결혼을 하셨다고 들었는데, 그간 구독자들에게 누누이 강조했던 부분을 조목조목 실천하시는 모습을 보면서 내 생각이 맞았음을 확신했다. 그런 분께서 책을 내신다고 해서 더없이 반가웠는데 내용을 살펴보니 내 느낌 그대로다. 우리 인생에는 가끔 돌직구가 필요할 때가 있다. 이 책은 매운맛 5단계 중 4단계쯤 된다. 똑 부러진 내용에 나 또한 반했다. 돈 공부에 대해 비슷한 고민을 가진 동 세대 여성들에게 가치있는 잔소리가 될 것으로 기대해 본다.

_《딸아, 돈 공부 절대 미루지 마라》박소연 애널리스트

일러두기

'할미언니의 쓴소리' 코너는 저자의 의도를 그대로 전달하기 위해
방언을 살렸습니다.

나의 행복을 책임질 유일한 사람은 바로 나 자신이다

"귀찮은데 미래를 꼭 준비해야 하나요?"

이렇게 말하는 친구들에게 해주고 싶은 말이 있다.

"그럼 미래는 다른 사람이 사니?"

남이 대신 살아줄 미래도 아닌데, 왜 남의 일처럼 방치하려고 할까.

돈 워리 비 회피

어차피 나중에 미래를 마주하고 책임져야 할 사람은 결국 자기 자신이다. 오늘 걷지 않으면 내일은 뛰어야 한다. 인생은 공정한 시스템이다. 오늘 놀면서 내일 편하길 바라면 안 된다. 그래서 나는 오늘만 살려고 하는 이 시대 청춘들에게 이렇게 말하고 싶다. "놀 땐 놀더라도, 돈은 모으면서 놀자."라고.

돈으로 굴러가는 세상에서 돈을 모르고 살 수는 없다. 어른들은 우리에게 "어린 게 벌써부터 돈돈거리냐?"고 할지 모르겠지만, 돈돈거리지 않다가 다들 돈이랑 담 쌓게 된 거 아닌가.

돈은 우리가 회피해야 할 대상이 아니다. 더 이상 도망치지 마라. 현실이 불안할수록 더 악착같이 모아야 한다. 미래를 생각했을 때 가슴 한구석이 죄이는 듯 답답하다면, 우리가 할 수 있는 일은 최선을 다해 미래를 준비하며 사는 것뿐이다.

살면서 믿는 구석 하나쯤

든든한 믿는 구석을 스스로 만들어가고 있는 지금, 나는 인생이 갑갑하거나 불안하지 않다. 본캐(직장인)와 부캐(유튜버) 모두 밥벌이 하느라 바쁘지만 마음은 고되지 않다. 돈 공부를 하며 나 자신과 가까워지고, 나만의 자산을 쌓기 시작하면서부터 나의 현재도, 미래도 달라졌다. 인생이 스스로에 대한 믿음으로 가득 찼다. 이제는 미래를 상상만 해도 기대되고 설렌다.

내가 행복한 이유는 지금 내 호주머니에 돈이 있어서가 아니라, 나중에도 돈 걱정 없이 살 수 있을 거란 믿음이 있기 때문이다. 나는 '나'라는 자산이 있고, 내가 쌓아가는 '자산'도 있다. 자산의 액수와 상관없이 미래를 준비하고 있다는 사실만으로 인생에 불안이 없다.

관심이 반이다

"할미언니를 조금만 더 빨리 알았더라면…"

"할미언니처럼 말해주는 사람이 주변에 없었어요!"

유튜브 영상에 이런 댓글이 달릴 때마다 마음속으로 진심을 담은 응원과 박수를 보냈다.

'아니에요. 지금이라도 늦지 않았어요. 당신은 스스로 공부하고자 저를 찾아오신 거잖아요.'

재테크 유튜버와 친하면 가까이서 보고 따라 할 수 있어서 더 유리할 거라고 생각하겠지만 전혀 그렇지 않다. 그동안의 내 경험에 비추어 볼 때, 주변 친구들과 지인들에게 아무리 방법을 알려줘도 안 하는 사람은 안 하더라. 소 귀에 경 읽기처럼 아무 소용이 없더라. 왜일까? 관심이 없기 때문이다. 이걸 왜 해야 하는지 알지 못하는 사람에게는 아무리 말해줘도 잔소리밖에 안 된다. 사회 초년생 때 돈 관리에 대해 제대로 알려줄 수 있는 어른이나 선배가 주변에 있으면 좋긴 하지만, 첫째로는 본인 스스로의 마음가짐이 가장 중요하다.

행복한 기다림

"이 우편물은 1년 후에 배달됩니다."

경포 해변에 놀러 갔다가 빨갛고 큼지막한 '느린 우체통'을 만난 적이 있다. 우체통 옆에는 강릉 지역의 아름다운 풍경을 담은 엽서들이 비치되어 있었다. 일반 우편과 달리 느린 우체통에 넣은 편지는 1년이 지나야 받을 수 있다. 자세히 보면 '행복한 기다림'이라고 적힌 이 우체통은 우정사업본부와 자치단체에 의해 전국 324여 곳에서 운영되고 있다고 한다.

나는 마음에 드는 엽서를 하나 고른 뒤 강릉 여행에서 느꼈던 생생한 감정을 고스란히 썼다. 그리고 느린 우체통에 넣으며 생각했다.

'1년 뒤 나에게 편지를 보내는 것처럼 미래의 나에게 돈을 보내는 건 어떨까?'

미래에 내가 볼 편지를 보내는 것처럼 미래에 내가 쓸 돈을 보내는 것이다. 그것 또한 무척이나 '행복한 기다림' 아닐까?

노후 준비란 게 별것 있을까. 그냥 오늘 내가 가진 돈의 일부를 떼서 미래로 보내면 되는 것 아닌가. 생각해 보면 진짜 별것 아닌데, 그게 다들 그렇게 어려울까.

매운맛 5단계 중 4단계쯤 되는 책

아무리 말해도 귓등으로도 안 듣는 친구들이 아직도 세상에 많은 것 같아서 이 책을 쓰기로 결심했다. 돈 공부를 미루고 있거나 자신의 미래를 방치한 사람들이 있다면, 이제는 정신 차리고 진정한 행복을 느끼며 살았으면 좋겠다는 마음으로 시작했다.

《돈 공부를 시작하고 인생의 불안이 사라졌다》는 인생의 불안을 안고 살아가는 청춘들, 이 세상에 믿는 구석 하나 없는 젊은이들을 향한 '사랑의 잔소리'로 가득한 책이다. 아래 5가지 내용을 담겠다는 목표로 썼다.

1. 욜로 하면 왜 골로 가게 되는지 뼈를 때릴 것이다.
2. 남 탓을 하면 왜 달라지는 게 없는지 깨닫게 해줄 것이다.
3. 재테크는 구체적으로 어떻게 하면 되는지 요목조목 알려줄 것이다.
4. 내가 노테크를 하면서도 행복한 비결을 전할 것이다.
5. 인생을 더 풍요롭게 하는 것들에 대한 나만의 이야기를 풀 것이다.

내 글을 읽고 머리에 번쩍 번개가 치는 그 순간부터 당신의 삶은 변화할 것이다. 이제는 인생의 불안 앞에 손 놓고 있는 게 아니라 불안할수록 돈 공부를 하게 될 것이다. 돈 쓰는 재미가 아닌 돈 모으는 재미를 알게 될 것이다. 물건이 아니라 자산을 소유하려 할 것이며, 물질보다 경험을 추구하게 될 것이다.

살아지는 인생이 아니라 살아가는 인생, 끌려가는 인생이 아니라 끌고 가는 인생, 다른 사람의 인정이 아니라 내 마음이 인정하는 삶을 살게 될 것이다.

"할미언니를 만난 후 성별 빼고 모든 게 바뀌었습니

다."

　이제는 '구독자'뿐만 아니라 '독자'들에게도 이 말을
들을 수 있는 날이 오길 바라면서 첫 번째 책을 세상에
내놓는다.

차
례

1장   믿는 구석 없는 사람 드루와

2장 돈을 쓰는 대로 생각하지 말고 생각하는 대로 써라

3장 다이아몬드 멘탈로 거듭나기

4장

밀도 있는 삶의 비결

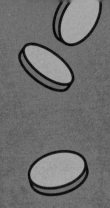

1
장

믿는 구석
없는 사람
드루와

당신은 무엇에
진심인가요?

"애들아, 나 어제 옷 질렀어!"

오랜만에 친구들과 부산의 한 식당에서 식사를 즐기던 때였다. 친구 한 명이 선포하듯이 말했다. 며칠 동안 쇼핑몰 장바구니에 담아두고 째려보기만 하던 옷들을 못 참고 결국 다 주문했다는 것이다. 옆에 있던 다른 친구도 입을 뗐다.

"나는 어제 빵 질렀다?"

다이어트 중인데 집 근처 베이커리에서 디저트를 한가득 사 와서 혼자 다 먹었다며 고해성사를 했다. 다른 건 몰라도 먹을 건 정말 못 참겠다는 말과 함께. 이어서 내가 말했다.

"난 얼마 전에 비행기표 질렀는데…"

친구들은 또 어디로 여행가냐며 물었고, 나는 하노이행 비행기를 눈여겨봤는데 특가가 뜨길래 바로 끊어버렸다고 했다. 그때는 내가 한창 "To Travel is To Live!"를 외치며 배낭여행을 다니던 시기였다. 세 명이 말하는 '질렀다'의 의미가 각자 다른 걸 보고 나는 생각했다.

'아, 우리 셋은 비슷한 돈을 벌지만 다 다른 곳에 쓰는구나. 사람마다 각기 다른 지름신이 강림하구나!'

쇼핑을 좋아하는 사람은 옷을 지르고, 먹는 걸 좋아하는 사람은 음식을 지르고, 여행을 좋아하는 사람은 항공권을 지른다. 이렇게 우리가 못 참고 지르는 것, 그것이 바로 각자의 인생에서 가장 갈망하는 무언가 아닐까.

재테크는 나 자신을 알아가는 과정

나는 연말 가계부 결산을 하면서 '지출만 봐도 그 사람을 알 수 있다'는 중요한 사실을 깨달았다. 지출 결산은 가계부를 1년 동안 꼬박 써 온 사람만이 할 수 있는 특권이다. 미리 정해둔 항목에 따라 평소에 빅 데이터를 쌓아놔야 가능한 일이기 때문이다. 한 해를 마무리할 땐 자신이 올해 어디에 돈을 얼마나 썼는지 돌아보는 것만큼 효과적인 방법이 없다.

　아래는 나의 2022년 지출 결산이다. 1년 동안 내가 항목별로 얼마나 지출을 했는지 보여준다(금액 대신 비율로 나타냈다). 여기서 말하는 지출은 투자 등 금융비는 제외하고, 쓰고 없어지는 '소비성' 지출만 산출했다. 또한 상품권이나 포인트로 결제한 금액은 내 주머니에서 돈이 나간 게 아니므로 포함하지 않았다.

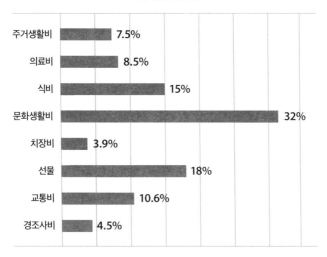

2022년 계정별 지출액 (%)

항목	비율
주거생활비	7.5%
의료비	8.5%
식비	15%
문화생활비	32%
치장비	3.9%
선물	18%
교통비	10.6%
경조사비	4.5%

내가 가장 적게 쓴 비용은 전체 지출의 3.9%를 차지한 '치장비'였다. 치장비는 의류, 잡화, 화장품, 미용 4가지로 분류했는데, 상세 지출 내역을 보다가 놀란 점은 1년간 액세서리에 쓴 돈이 3,000원밖에 되지 않는다는 사실이었다.

긴 머리를 올리기 위해 집게핀이 필요해 길거리 잡화점에서 하나 산 거였는데 그마저도 '플라스틱 덩어리가무슨 3,000원이나 하냐'며 비싸다고 생각한 소비였다. 큰 집게핀이 필요했을 뿐, 색깔이나 모양은 중요하지 않았기 때문이다. 액세서리마저 꾸미는 용도보다 실용성만 생각하다니 나도 참 꾸미기에 어지간히 관심이 없다 싶었다.

치장비 다음으로는 축의금 및 조의금으로 나간 경조사비가 4.5%를 차지했고, 그다음 주거생활비가 약 7.5% 정도로 다소 낮은 비중을 차지했다. 당시 회사에서 무료로 제공하는 기숙사에서 생활하고 있었기에 자취할 때 발생하는 각종 비용(관리비, 인터넷 요금, 가스 요금 등)이 전부 들지 않았다. 그다음 의료비(병원, 약국, 의약품)로 8.5%, 교통비(차량 관리비, 주유, 주차, 통행료)로

10.6%를 썼다. 러시아와 우크라이나의 전쟁으로 기름 값이 고공행진 했으니 주유비가 1할이나 차지하는 게 이상하진 않았다.

주목할 것은 남아 있는 Top 3 항목이다. 먼저 지출 3위 항목은 식비였다. 식비는 식자재, 외식, 간식, 배달, 유흥 5가지로 분류했는데, 이 중 식자재, 외식, 간식 3가지 항목만 쓴 것으로 나왔다.

배달에 0원을 쓴 것이 압권이었다. 배달 음식을 내 돈 주고 사 먹은 적이 없었다. 나는 식비 비중이 15%밖에 되지 않는다는 것이 더 놀라웠다. 그동안 막연하게 엥겔지수가 높을 것이라고 생각했는데 그렇지 않다는 사실이 밝혀졌기 때문이다.

그러면 나는 도대체 어디에 돈을 많이 썼길래 식비가 밀렸을까. 지출 2위 항목은 바로 선물 비용이었다. 전체 지출의 18%를 다른 사람을 위한 선물에 썼다(부모님 용돈도 여기에 포함된다). 상세 내역을 보니 전체 건수 38건 중 절반은 가족, 절반은 지인 선물이었다. 선물 비용은 내가 생각하는 소비 중 가장 '돈을 쓰고도 아깝지 않은 비용'이다.

마지막 대망의 지출 1위는 바로 문화생활비였다. 32%로 압도적인 비율을 차지하고 있다. 영화, 도서, 여행, 여가, 콘서트, 강연 등에 썼는데 그중 여행이 96%를 차지했다. 단순히 도표만 보더라도 나는 정말 여행에 진심인 사람이라는 것을 알 수 있다.

이처럼 당신의 지출은 당신이라는 사람을 여실히 보여준다. 어디에 돈을 쓰는지만 봐도 어떻게 생활하는 사람인지, 뭐가 중요한 사람인지, 무엇을 좋아하는 사람인지 알 수 있다. 나의 소비는 내가 어떤 사람이라고 말해주고 있을까? 여행을 좋아하는 사람, 꾸미는 데 관심이 없는 사람, 자기 먹는 것보다 남을 위한 선물에 돈을 더 많이 쓰는 사람, 생활비는 적게 나가지만 교통비가 꽤 나가는 사람 정도로 설명할 수 있겠다.

나의 지출이 말해주는 것들

요즘 "~에 진심이다."라는 말을 많이 하는데, 우리의 진심은 이렇게 소비 생활에 표출된다. 당신이 우선으로 소비하는 항목이 있다면, 아무리 여유가 없어도(다른 데 쓸 돈을 아껴서라도) 특정 항목에 소비를 하고 싶다면 당신이 그만큼 그것에 진심이라는 뜻이다.

다른 예로 투자 공부를 중요시하는 사람은 듣고 싶은 재테크 강의가 있으면 비싸더라도 돈을 모으고 시간을 내서 들으려고 할 것이다. 또 예술을 사랑하는 사람은 다른 소비를 아껴서라도 좋아하는 작가의 전시회를 보러 갈 것이다.

지난 2022 카타르 월드컵 때 나의 친한 대학 선배는 축구를 보러 카타르까지 다녀왔다. 나는 그 선배가 그만큼 축구에 진심이라는 걸 그때 처음 알았다. 인생 버킷리스트인 '월드컵 직관'을 이루기 위해 엄청난 장애물들(살인적인 항공료, 업무 스케줄 조정, 가족 건강 문제 등)을 극복하고 끝까지 밀어붙여 결국 간 것이었다.

나까지 감격스러웠다. 그렇게 축구에 진심인 사람이, 대한민국이 기적의 2:1 역전승으로 포르투갈을 누르고 16강에 진출했던 순간 그 현장에 있었다니. 가슴이 벅차서 그날 밤 잠이 왔을까?

"내가 A 할 돈은 있어도 B 할 돈은 없다."

우리가 진심인 것이 있을 때 주로 사용하는 문장 형태다. 여기서 A에는 진심인 것, B에는 무관심인 것이 들어간다. 이를테면 "책 살 돈은 있어도 술 마실 돈은 없다."와 같이 말이다. 내 경우 여행갈 돈은 있어도 옷 살 돈은 없다. 아무리 돈이 있어도 여행 가는 데 쓰지, 옷 사는 데는 안 쓴다는 뜻이다.

돈을 쓰고도 돈이 아깝지 않은 것, 돈을 쓰고도 뿌듯해서 남들한테 자랑하게 되는 것. 그것이 바로 우리가 진심인 것이다. 당신의 A는 무엇인가? 그것은 당신의 삶을 더 윤택한 방향으로 이끄는가?

그렇다면 A에 집중하자. 평소 사고 싶은 게 생겨도 A를 떠올리며 사고 싶은 그 마음을 쏙 집어넣어 보자. 다른 곳에 쓸 돈을 아껴서 A를 위해 쓰면, 소비를 통해 느끼는 만족감이 더 높아질 것이다.

결국 재테크는 나 자신을 알아가는 과정이다. 왜냐면 자신이 정말로 원하는 것에만 소비하게 되기 때문이다.

하루라도 빨리 재테크를
시작해야 하는 이유

　학생 신분에서 벗어나 성인이 되고 경제활동을 시작하는 순간, 절대 미루지 말아야 할 것이 있다. 바로 재테크다. 이제 막 돈을 벌기 시작한 사회 초년생은 재테크가 낯설 수밖에 없다. '재테크가 뭐야?' '재테크는 어려워!'라고 생각할 것이다.

　하지만 모른다는 핑계로 처음부터 재테크와 담을 쌓아버리면, 그냥 평생 모른 채 살게 된다. 정말이다. **재테크는 나이 먹는다고 저절로 쌓이는 지식이 아니다.** 올해 재테크를 시작하지 않은 사람은 내년에도 재테크를 하지 않는다.

　그렇게 세월이 흘러도 재테크, 투자는 모른 채 오로지 내가 버는 돈만 열심히 모으며 살아가게 된다(그나마

저축이라도 잘 하면 다행이다). 사회 초년생들은 부모님이 주는 용돈이 아닌 회사 월급은 처음 받아 보니 이 돈을 어디에 어떻게 써야 할지 막막할 것이다.

학생 시절 가난하게 살다가 갑자기 수백만 원을 손에 쥐게 되니 정신없이 쓰는 경우도 대다수다. 물론 하고 싶은 것도 많고 사고 싶은 것도 많을 것이다. 하지만 돈을 버는 것만큼 중요한 것이 '돈을 어떻게 쓰고 어떻게 불리는가?'이다. 사회인이 되어 재테크 첫 단추를 잘 끼워야 하는 이유다.

재테크의 시작은 작은 관심

무엇보다 재테크에 빨리 눈을 떠야 한다. 눈을 뜬다는 것은 뭐 당장 대단한 재테크를 하거나 대단한 투자자가 되라는 말이 아니다. 적어도 재테크에 관심을 가지고 마음을 열어놓아야 한다는 것이다.

모든 건 '관심 한 장' 차이다. 내가 관심이 있으면 주변에 흘러가는 이야기도 귀에 쏙쏙 와서 박히지만, 관심이 없으면 옆에서 아무리 얘기를 해줘도 귀담아듣지 않기 때문에 그냥 스쳐 지나가 버린다. 나에게 도움이 되는 모든 정보는 이미 공중에 떠다니고 있다. 그중 내가 관심을 기울이는 만큼 나에게 달라붙는 것이다.

그렇기 때문에 "주식은 나와 먼 단어야." "부동산은 내가 할 수 없는 영역이야."라고 단정 지어버리는 짓은 금물이다. 처음부터 습관을 잘 들여야 한다. 입사 초반부터 재테크에 관심을 가지고, 직장 선배들이 어떤 이야기를 하든 귀를 쫑긋해야 한다. 그래야 적어도 주변에서 들을 수 있는 정보들을 스펀지처럼 흡수할 수 있다. 이것은 사실 쉽지는 않다. 하지만 재테크에 빨리 눈을 떠야 돈을 더 빨리 모으고 더 크게 불릴 수가 있다.

50대에 가장 후회하는 것 1위

개인 재무 계획도 입사 초반에 세워야 쭉 갈 수 있지, 처음부터 안 세워놓았다간 나중에 후회가 너무 커진다. 50대 퇴직자들이 "젊을 때 진작 할걸."이라며 가장 후회하는 것 1위가 무엇인지 아는가? 바로 '투자 공부를 하지 않았던 것'이다.

미래에셋 투자와연금센터에서 50세 이상 퇴직자 남녀 400명을 대상으로 한 설문조사에 따르면, "퇴직 전

미리 준비하지 못해 가장 후회되는 것은?"이란 질문에 전체 응답자의 37.5%가 '재정 관리에 대한 준비가 미흡했던 것'을 가장 후회한다고 답했다. 특히, 주식이나 펀드 등 투자 경험을 미리 충분히 쌓아 두지 못한 것을 가장 후회했다.

은퇴자들 중 "젊을 때 돈을 더 쓸걸."이라며 후회하는 사람은 거의 없다. 오히려 적극적인 투자를 일찍부터 해서 장기적으로 자산을 키울 수 있었던 기회를 놓친 것을 아쉬워한다. 자산 증식을 위해서 투자는 필수인 시대이다. 우리도 나중에 '껄무새'가 되지 않으려면 미루지 말고 시작해야 한다. 20대부터 해야 그 경험을 토대로 30대, 40대에 더 투자를 잘하는 사람이 될 수 있기 때문이다.

훗날 뒤늦게 돈 아낀다고 힘들어하지 말고 (그때 되면 노력이 2배, 3배로 든다) 일찌감치 시작하자. 젊은 시기에 재테크를 시작하면 같은 기간이라도 돈을 더 많이 모을 수 있다. 통상 30대에 결혼을 한다고 가정하면 실제로 20대 때가 돈 모으기 가장 좋은 시기다. 결혼하고 가족이 늘면 혼자일 때보다 지출이 확 늘어나기 때문에 돈을 모으기 더 힘들어진다. 그래서 사회생활을 시작하는 시점부터 결혼 후 아이를 낳기 전까지 (보통 5년에서 길게는 10년 정도가 될 것 같은데) 수입 대비 지출이 적은 그 시기에 최대한 저축을 많이 해야 한다. 개인별 소득과는 상관이 없다. 아무리 적은 월급이라도 아끼고 아껴서 철저하게 모으는 것이 중요하다. 힘들더라도 이 시기에 종잣돈을 집중적으로 모아 적절히 투자한 사람만이 40대 이후 경제적 안정을 누릴 수 있게 된다.

시간이 돈을 벌어주는 복리의 마법

젊어서부터 모아야 하는 또 한 가지 이유는 바로 '복리의 마법' 때문이다. 복리에서 '시간이 돈'이라는 말이 있는데, 이는 시간이 귀해서 돈이라는 뜻이 아니라 시간이 돈을 벌어준다는 의미다. 우리가 아무런 노력을 하지 않아도 저절로 흘러가는 시간! 그 시간이 가면 갈수록 돈이 불어난다는 것이다.

'복리複利'란 원금과 그 원금을 운용하여 생기는 이자에 관한 계산 방법인데, 쉽게 말하면 중'복'해서 '이'자가 붙는다 해서 '복리'라고 한다. 원금에 대해서뿐만 아니라 원금에서 발생하는 이자에도 원금과 동일한 이자가 붙는다. 즉, 첫 기간에 생긴 이자를 원금에 합한 것을 다음 기간의 원금으로 하고, 이 이자가 합해진 원금에 대해서도 동일한 이율로 이자를 산출하는 것이다.

따라서 만기까지 이율에 변동이 없어도 기간마다 원금이 이자가 가산된 만큼 커지며 이자도 매 기간마다 커진다. 역사상 가장 위대한 물리학자인 알버트 아인슈타인Albert Einstein은 "복리는 여덟 번째 세계 불가사의다."라고 하면서 "복리를 이해하는 자는 돈을 벌 것이고 그렇지 못하는 자는 잃을 것이다."라고 말하기도 했다.

당신은 이미 재테크의 좋은 무기를 가졌다

복리의 이율로 어떤 금액의 가치가 2배가 되기까지 걸리는 시간을 구할 수 있는 간단한 공식이 있다. 바로 '72의 법칙Rule of 72'이다. 만약 500만 원을 연 5%의 이율로 계속 저축해가면 어느 시점에 2배가 될까?

단순히 계산해서 20년이라고 답하는 사람이 많을 것이다. 하지만 정답은 14.4년이다. 원금에 5% 이자가 붙고, 이자가 붙은 금액에 또 5%가 붙고 하면 2배가 되는 기간이 짧아진다. 이걸 공식으로 만든 게 '72/연이율=2배가 되는 데 걸리는 시간'이다.

예를 들어, 연 5%로 100만 원을 저축해 200만 원을 만드는 데 걸리는 시간은 72÷5=14.4년이 걸린다는 것이다. 수익률이 10%라면 2배가 되는 기간은 72÷10=7.2년으로 더 짧아진다. 이러한 복리의 마법 덕분에 돈이 불어나는 속도가 빨라지고, 생각보다 일찍 목돈을 모으게 된다. 참고로, 72로 계산했을 때 주요 연이자율별 원금이 2배가 되는 기간은 다음과 같다.

2%: 36년(35.003년)

3%: 24년(23.450년)

4%: 18년(17.673년)

6%: 12년(11.896년)

8%: 9년(9.006년)

9%: 8년(8.043년)

10%: 7.2년(7.273년)

12%: 6년(6.116년)

18%: 4년(4.188년)

24%: 3년(3.222년)

36%: 2년(2.254년)

 재테크를 이제 시작한 젊은이가 처음부터 높은 수익률을 올리기는 어렵다. 하지만 시간을 무기로 수익률의 마법을 부릴 수 있는 특권을 가지고 있다.

 살아온 날보다 살아갈 날이 많은 젊은이는 앞으로 남은 시간이 많다. 마음만 먹으면 긴 시간을 이용해 얼마든지 돈을 불릴 수 있다. 그런데도 그 특권을 누리지 않고 방치하거나 낭비하고 있다면? 차라리 그 젊음을 시간이 필요한 늙은이에게 반납하는 편이 낫다.

오늘만 사는 것과
현재를 사는 것은 다르다

10년 전쯤이었을까? 해외 배낭여행 중 머문 게스트하우스에서 인상 깊은 글귀를 본 적이 있다. 방명록 공간으로 보이는 코르크 게시판에 포스트잇이 덕지덕지 붙어있었는데, 그중 한 메모지에 이렇게 적혀있었다.

You only live once. But if you do it right,
once is enough.
(인생은 한 번뿐이야. 하지만 제대로 산다면 그걸로 충분해.)

필기체로 휙휙 날려 쓴 게 보아하니 외국인 투숙객이 남긴 것 같았다. 누가 한 말일까 궁금해서 찾아봤다.

1920년대 고전영화 〈다이아몬드 릴Diamond Lil〉의 주인공으로 유명한 미국 여배우 메이 웨스트Mae West가 남긴 명언이었다.

그래, 우리는 오직 한 번밖에 못 산다. 하지만 '제대로'만 산다면 한 번으로 충분하다! 당시 20대 초반 대학생이었던 나는 머리를 제대로 한 방 맞은 느낌이 들었다. 한 번뿐인 인생 똑바로 살아야 한다는 것. 이것이 욜로YOLO의 원래 뜻이구나 싶었다.

그런데 어떻게 된 일인지 우리 사회에서는 '욜로'라는 단어의 의미가 조금 다르게 통용되고 있는 것 같다. '인생의 일회성'에 집중하기보다는 '오늘의 소비'를 우선시하는 행태로 통한다. 젊은이들 사이에 "인생 뭐 있어, 쓰고 죽자!"는 움직임이 유행했고, 욜로의 뜻을 검색하면 '현재의 행복을 위해 소비하는 라이프 스타일'이라고 나온다. 어쩌다 YOLO의 뜻이 You Only Live 'Once'가 아니라 You Only Live 'Today'가 됐을까. 한 번뿐인 인생 잘 살아야 하는데, 왜 다들 젊을 때부터 인생 망하는 짓을 하자고 외치는 걸까.

가짜 행복으로 스스로를 속이지 않도록

잘 산다는 건, 오늘만 잘 살아서 될 게 아니라 내일도 잘 살아야 하고 10년 뒤도 잘 살아야 하고 삶의 전반을 후회 없이 잘 살아야 한다는 걸 의미한다. "모르겠고, 일단 지금 행복했으면 좋겠어!"라는 그 문장 속의 행복은 가짜 행복이 될 확률이 높다.

현실적으로 생각해보자. **내일 세상이 망할 것처럼 쓰고 살다가는, 세상은 안 망하고 한 번뿐인 내 인생만 망한다.** '욜로 하다 골로 간다'는 말도 그래서 생겨났는지 모른다. 허황된 마인드로 사는 대부분의 사람들은 인생을 즐기는 중이라며 행복한 척하지만 마음 한편으론 불안감을 느낀다. 오늘 헛된 소비로 행복한 만큼 내일은 불행해진다는 걸 본인도 알기 때문일 것이다. 그런데도 '나중에 어떻게든 되겠지.'라는 생각으로 행동을 바꾸지 않고 불행할 시기를 앞당기며 살아간다.

지금 자신의 삶이 찬란한 청춘의 중턱에 있다면 욜로 핑계를 대기 더 좋다. 하지만 현명한 젊은이라면 알아야 할 것이 있다. 젊음을 즐기는 건 물론 좋지만, 그 젊음이라는 게 꼭 소비를 해야지만 즐길 수 있는 건 아니다.

나는 신기하게도 20대 시절 주변으로부터 "욜로 그만하고 시집가!"라는 말을 자주 들었다. 나를 잘 모르는 사람들은, 내가 하고 싶은 걸 다 하고 사는 것처럼 보이니까 당연히 흥청망청 쓰는 줄 알았나보다(아마 나를 알지도 못하면서 내 인생에 훈수를 두고 싶은 사람들이었을지도 모르겠다).

하지만 나는 욜로와는 거리가 멀었다. 멀어도 한참 멀었다. 나는 누구보다도 지독하게 미래를 준비하며 살고 있는 청년이었기 때문이다. 나를 진짜 아는 사람은 "너 참 실속 있게 산다."라고 말했다. 그만큼 소비 없이도 하고 싶은 일에 집중하며 누구보다 재밌게 살 수 있다는 걸 내 삶이 방증한다.

소위 '욜로족'이라 칭하는 라이프 스타일을 가진 사람은 내 주위에도 있다. 친한 친구 중 한 명이다. 나는 그 친구가 평소 쇼핑을 즐기며 오늘만 사는 걸 알고 있었지만 한 번도 경제관념에 대해 참견을 한 적은 없었다. 우리는 성인이고 각자의 인생이 있기 때문이다.

그러던 어느 날 부동산 매매 관련 고민으로 내게 연락이 와서 한참 통화를 하다가, 친구가 현재 모아둔 현금이 하나도 없다는 사실을 알게 되었다. 결혼도 했는데, 남편과 맞벌이 중인데, 어떻게 이 나이 되도록 부부가 돈을 하나도 못 모았다는 말인가. 그 상태로 도대체 어떻게 집을 사겠다는 걸까(친구는 집을 사면 대출이 100%까지 나오는 줄 알았던 모양이다).

심각한 상황이었다. 내 소중한 친구의 앞날이 진심으로 걱정되기 시작했다. 늙어서도 함께 여행을 다니고 싶은 몇 안 되는 친구 중 한 명이었다. 그녀가 왜 대책 없는 생활을 하는지 나로선 도무지 알 수 없었지만, 처음으로 한마디 했던 기억이 난다. "네가 지금 그럴 때가 아니다."라고.

'믿는 구석' 있는 것처럼 사는 사람들에게

주변에 보면 '친구 따라 욜로' 하는 사람들이 간혹 있다. 본인의 상황은 생각하지 못하고 친구를 따라 소비하는 경우다. 사람마다 처한 환경이 다른데 왜 남과 똑같이 소비하려는 것일까? 소득 수준이 다른 친구와 매일 같이 쇼핑하고 놀러 다니면 나중에 어떻게 될까? 연봉 3천만 원을 받으면서 3천만 원을 쓰는 것과, 연봉 1억 원을 받으면서 3천만 원을 쓰는 것이 과연 같다고 할 수 있을까?

우리는 곰곰이 한번 생각해봐야 한다. 내가 믿을 구석이 있는 사람인지 아닌지. 만약 믿을 구석이 있다면, 지금 이 글을 읽지 않아도 된다. 그러나 아무리 생각해봐도 믿을 구석이 하나도 없다면, 내 처지는 다른 친구들과 다르다는 걸 자각해야 한다.

믿는 구석 있는 친구가 나와 같다고 착각하지 마라. 그 친구들이 마음껏 소비하는 데에는 다 이유가 있다. 부모님에게 물려받을 사업이 있다거나, 부모님이 건물을 몇 채 사 놓으셨거나, 아니면 할머니 할아버지 때부터 자식의 자식까지 먹고살 자산을 다 쌓아놓은 집안일 것이다. 말하자면 믿을 만한 구석이 있으니까 그렇게 쓰는 것이다.

그런데 나도 마치 그런 믿는 구석이라도 있는 것처럼 친구랑 똑같이 쓰다니. 수십 년을 열심히 공부하고 겨우 취업해서 피같이 번 돈을 함부로 쓰다니. 도대체 어쩌잔 말인가. 그렇게 가다간 세월이 흘러 친구는 나중에도 지금처럼 잘 살겠지만, 나는 거지가 된다. 그때 가서 친구를 원망해도 아무 소용이 없다. 배신감이 들어도 어쩔 수 없다. 내 '분수'를 모르고 탕진한 대가에 대한 책임은 오로지 나에게 있기 때문이다.

만약 아직도 욜로 마인드로 대책 없이 살아가고 있는 젊은이가 있다면, 이것만은 명심했으면 좋겠다. 한 번뿐 인 인생을 제대로 살고 싶으면, 하루라도 빨리 정신을 차 려야 한다. 욜로 할 시간에 다른 걸 한다면, 욜로 할 돈으 로 다른 걸 한다면 내 인생 자산이 얼마나 더 빨리 축적 될지를 생각해야 한다.

하루하루가 아깝지 않은가? 나는 하루가 가는 게 너 무 아깝다. 지금 이 순간에도 흘러가고 있는 시간이 아까 워 죽겠다. 가끔 사람들이 묻는다. 왜 이렇게 열심히 사 냐고. 나름의 답을 생각해봤는데 내가 열심히 사는 이유 는 딱 하나다. 믿는 구석이 없기 때문이다. 사람이 믿는 구석이 없으면, 내가 나의 믿는 구석을 만들어야 한다.

내일도 안 죽고
모레도 안 죽는다

어떤 젊은이들은 "언제 죽을지도 모르는데…."라는 말로 당장의 소비를 합리화하지만 내 생각은 좀 다르다. 언제 죽을지 모르기에 더 아껴야 한다. 그리고 내일이 올지 안 올지 알 수 없는 게 사실이지만, 매일 그 생각만 안고 산다면 오히려 현재를 제대로 살지 못한다.

현실적으로 건강한 일반인이 당장 죽을 확률이 얼마나 될까? 통계청의 〈연령별 사망자 수〉 자료를 찾아보면 2022년 기준 20~24세 사망률은 0.0355%, 25~29세 사망률은 0.0482%다. 10만 명 중 35.5명만이 20세에서 24세 사이에 사망하고, 10만 명당 48.2명이 25세에서 29세 사이에 사망하는 셈이다. 수치가 말해주듯 대부분의 사람은 20대에 죽지 않는다. 즉, 내일 죽을 확률보다는 오래 살 확률이 더 높다.

우리는 내일도 안 죽고 모레도 안 죽을 것이다. 40대, 50대를 지나 눈 깜짝할 사이에 80~90대가 될 것이다. 재수 없으면 120세까지 산다는 말은 더 이상 웃을 일이 아니다. 우리가 여태껏 살아온 날보다 앞으로 살아갈 날들이 더 많다. 이 와중에 대한민국은 '노인빈곤'과 '고령근로'의 나라다. 믿기 힘들겠지만 우리나라 노인 인구의 절반이 빈곤층이라고 한다.

노인 빈곤율은 수년째 OECD(경제협력개발기구) 회원국 중 가장 높다(그냥 1위가 아니라 다른 상위권 국가들과 비교해도 월등히 높은 1위를 차지하고 있다). "2명 중 1명은 빈곤 노인으로 삶의 말로末路가 비참"이란 제목의 뉴스 기사를 심심찮게 본다. 그럴 때마다 나는 생각한다.

'나랑 친구 둘 중에 한 명은 빈곤층이 된다는 건데, 그럼 나는 어느 쪽을 택할 것인가?'

행복한 노년 생활을 꿈꾼다면

은퇴한 부부가 인생 2막에 여유롭게 여행을 다니거나 취미생활을 즐기는 것은 모두의 로망이다. 하지만 현실은 그렇지 않은 경우가 많다. 2023년 10월 통계청이 발표한 〈포괄적 연금통계〉를 보면 2021년 기준 대한민국 65세 이상 고령자의 월평균 연금소득은 60만 원에 불과했다(매년 4만 원 안팎씩 늘어난 추세인데, 2021년에 처음 60만 원으로 겨우 턱걸이했다고 한다).

연금 수령자 비율은 남성이 여성보다 높고, 수령액도 남성(781,000원)이 여성(447,000원)보다 많다. 한국 여성은 남성보다 평균 6년을 더 산다고 하는데, 결과적으로 여성이 더 오랜 시간 더 빈곤하게 산다고 봐야 할까.

연금소득의 계층 간 격차도 크다. 상위 5%에 해당하는 노인의 연금 수령액은 월평균 200만 원 이상인 반면에, 하위 20%의 수령액은 월평균 25만 원이 안 된다. 연금 피라미드 1층을 담당하는 대표적인 공적 연금인 '국민연금'만 보면 월평균 수령액이 38.5만 원이다. 연금 '용돈'도 안 되는 수준이다. 이렇기에 부족한 소득을 보충하기 위해 일터로 나가 생계를 이어가는 노인 인구가 매년 느는 것이다.

이렇듯 우리나라 고령자의 상당수는 인생의 끝자락에 가난한 저임금 근로자로 살고 있다. 젊은 사람들은 그들을 직간접적으로 보면서도 남의 일이라 생각한다. 나중에 내 모습은 저들과 다를 것이라고 믿는다. 정말로 대단한 착각이다. 왜냐면 빈곤한 노년을 맞게 된 분들 중 자신의 비참한 노후를 예상했던 사람은 거의 없었기 때문이다. 그들이 공통적으로 하는 말이 바로 **"내가 이렇게 될 줄 알았나."**이다.

'나는 빈곤해진다'라고 생각하며 나이를 먹는 사람은 이 세상에 없는 것이다. 우리는 미래를 대비하기 위해 좀 더 냉정해질 필요가 있다. 적어도 지금 세대에는 똑같은 학습을 반복해선 안 된다.

노후에 불행했으면 좋겠다는 사람이 있을까? 아무도 없을 것이다. 모두가 행복한 노후를 꿈꾼다. 나도 마찬가지다. 60대, 70대가 되어서까지 돈 걱정하면서 살고 싶지 않다. 마음만 먹으면(몸만 따라주면) 4개월이고 5개월이고 유럽일주를 떠나거나 사랑하는 가족과 함께 크루즈 여행을 다니며 살고 싶다. 우리가 만약 60살에 은퇴하고 90살에 죽는다고 가정하면 30년이 남는다. 남은 30년을 살아내야 하는데, 죽을 때까지 돈 걱정 없이 살면 얼마나 좋겠는가? 생각을 해보라. 30년 내내, 다른 건 몰라도 '돈 걱정'은 하나도 안 하고 살 수 있다면 얼마나 좋겠는가.

재테크는 결국 나의 자존감을 지키는 일

나의 외할머니는 올해 86세가 되셨다. 연세에 비하면 정정하신 편이고, 또래보다 젊어 보이신다. 외할머니는 가끔 "내가 이렇게 오래 살게 될 줄은 몰랐다."라고 말씀하신다. 그러시면서, 젊은 날 그렇게 힘들게 살면서도 꼬박꼬박 연금을 최대한으로 납입했던 것을 늘 생애 최고 잘한 일로 꼽으신다. 남들은 허세와 겉치레를 위한 곳에 돈을 쓸 때, 우리 외할머니는 자투리 돈이라도 어떻게든 이쪽 주머니, 저쪽 주머니에 저축했다. 그렇게 모아서 자식들을 양육하고, 자가도 마련할 수 있었다고 한다.

그래서 지금 90세를 바라보는 이 나이까지 번듯한 '내 집'에서, 매달 적지 않은 연금을 받으면서 생활하신다. 아파서 병원에 가야 할 때 자식 눈치를 안 봐도 되고, 자식의 용돈을 기다릴 필요 없이 당신이 원할 때 여행을 떠날 수 있어서 얼마나 다행인지 모른다고 하신다(나는 외할머니와 별의별 대화를 다 하는 손녀다).

나는 바로 이것이, 우리 외할머니의 자존감을 지켜주는 일이라고 생각했다. 인간은 본래 나이가 들수록 육체적으로나 정신적으로 쇠약해진다. 그런데 그러한 노령에 나만의 자산이 있다는 것, 내 돈으로 생활한다는 것, 그래서 가족이나 주변 사람에게 신세를 지지 않아도 된다는 것은 매우 중요한 영양제다.

이것은 나의 건강, 나아가 행복과 직결되는 문제다. 저절로 살기 좋아지는 건 없다. 내일은 오늘의 내가 만든다. 그렇기에 "언제 죽을지 모르니까 쓰고 싶은 대로 쓰고 살자."보다는, "천년만년 살 거니까 오래오래 여유롭게 살 궁리를 하자."가 더 맞다.

우린 결국 모두
할매, 할배가 된다

　노후가 아직은 먼 2030세대나 노후 준비를 하지 않는 4050세대에게 "노후 준비 왜 안 하세요?"라고 물으면 대부분은 "지금 당장 먹고살기도 바쁜데 무슨 노후 준비냐?"라고 말한다. 그러면 나는 속으로 되묻는다.

　'지금도 먹고살기 힘든데, 그럼 나중에는 저절로 먹고살기 좋아지나?'

　나도 20대 초반에는 노후 준비라는 단어 자체가 뇌 속에 존재하지 않았다. 그건 40대, 50대 직장 선배님들이나 나눌 대화 주제이지, 나에겐 아주 먼 미래의 일이라고 생각했다. 그런데 어느 날 이런 생각이 들었다. 노후 준비를 계속 미루다 보면 그냥 노후를 맞이해버리지 않을까? 매년 나이를 먹는 걸 보면 내가 죽지 않는 이상 노후가 올 건 확실한데, 이 사실을 사람들은 다 알고 있으면서 왜 미루는 걸까?

나의 미래를 똑바로 바라볼 것

인간의 뇌는 원래 자기가 받아들이기 싫은 것은 의도적으로 외면하는 경향이 있다고 한다. 즉, 미래에 여유로운 생활을 즐기려면 현재의 소비를 줄여야 하는 게 당연한데도, 불편한 진실을 받아들이기 싫어서 '에이, 어떻게 되겠지.' 하고 넘겨버리는 것이다. 그러나 이 문제는 우리가 맞닥뜨리기 싫다고 해서, 피한다고 해서 피할 수 있는 일이 아니다.

우린 결국 모두 할매, 할배가 된다. 갈수록 늘어나는 기대수명 앞에서 할매, 할배로 살아갈 세월은 더 길어질 것이다. 그런데 이 와중에 돈이 없으면 '장수'가 '악몽'이 된다. 가난하게 태어난 건 내 잘못이 아니지만 가난하게 죽는 건 내 잘못이라고 했다. 우리도 이제는 가난한 집 자식이 아니라 가난한 사람이 되는 나이가 온다. 언제까지나 그놈의 '형편 탓'만 하고 있어선 안 되는 것이다.

미래의 나의 형편을 바꾸려면 지금 준비를 해야 내

미래가 달라진다. 돈을 벌고 있는 지금도 부자가 아닌데, 젊을 때 아끼고 투자해서 모아 놓지 않으면 수입이 없는 퇴직 이후는 더 힘들 것이 뻔하지 않은가.

나는 100세 시대를 살면서, 나의 소중한 인생을 아무런 계획 없이 살긴 싫었다. 그래서 비교적 이른 나이인 20대에 '노테크(노후+재테크)'를 시작했다. 나의 궁극적인 소망은 노후에도 돈 걱정 없이 지금처럼만 내가 하고 싶은 걸 하면서 사는 것이다. 그래서 오늘날 수많은 이들이 경제적 자유를 외칠 때도, 나는 당장의 경제적 자유가 아니라 노후 준비 달성을 투자의 목적으로 삼았다.

우리는 젊을 때 잠깐 잘 살고 말 게 아니라, 관 뚜껑 닫을 때까지 잘 살다 가야 한다. 코앞인 '20대에 잘 살고 30대에 잘 살아야지.'라고만 생각할 게 아니라, 100살까지 산다고 치면 100년의 인생을 통째로 봐야 한다. 만약 지금 30살이라면 지나간 과거는 어찌 됐든 앞으로 남은 70년을 잘 살아야 한다.

인생의 황금기는 20대가 아니라고 한다. 대한민국 최고령 철학자 김형석 교수님은 저서 《백년을 살아보니》에서 인생의 황금기는 60세부터 75세까지라고 하셨다

(104세가 되어 하신 최근 인터뷰에선 80세까지로 5년을 더 늘리셨다). 그 노년 황금기를 혹한기로 보내고 싶지 않다면, 젊은 날에 현명한 계획을 세우고 팔팔한 체력을 무기로 뼈 깎는 노력을 해야 한다.

똑같이 시작해서 결과가 다르다면

같은 날 입사하여 똑같은 월급을 받고 똑같이 회사를 다녀도 누구는 나중에 부동산 자산가가 되고 누구는 전세를 전전하며 산다. 그 이유가 무엇이겠는가? 직장생활을 하는 동안 얼마나 재테크에 관심을 가지고 시간이 돈을 벌어주는 투자를 잘 했냐, 안 했냐의 차이다.

수십 년을 월급의 노예로 살며 그냥 세월만 낭비하는 것과, 월급과 세월이란 도구를 합쳐 현명하게 이용하는 것의 차이다. 은퇴 후 여유로운 생활은 후자에 해당하는 사람만 누릴 수 있다. 부자인 척 탕진하면서 30년 직장생활을 한 사람은 퇴직 이후의 삶이 처참할 것이다. 그때 가서 후회해도 되돌릴 수 없다.

젊을 때는 티가 잘 안 난다. 사는 게 다 비슷비슷해 보여서 친구들끼리도 삶이 벌어지는 걸 모른다. 하지만 40

대부터는 20대, 30대 때 착실하게 시드머니 만들어서 잘 투자한 사람과 그렇지 않은 사람 간에 차이가 나기 시작한다. 그리고 50대, 60대가 되면 갭이 확 벌어진다. 사는 수준이 너무 달라서 도저히 같이 어울릴 수 없게 되기도 한다. 그렇기에 노후 준비는 막연하다며 저 멀리 던져놓고 있는 사람이 있다면 미루지 말고 오늘 당장 시작하길 바란다. 노후 준비는 빠르면 빠를수록 좋다.

노후를 준비할 때 가장 중요한 5가지

노테크란 노후에 안정적인 생활을 할 수 있는 노후 자금 마련을 위한 재테크를 말하는데, 흔히 행복한 노후를 위해서는 5가지가 필요하다고 한다. 돈, 건강, 일, 친구, 취미. 그런데 나는 이 모든 것에 앞서 중요한 것은 노후를 준비하는 과정 자체를 즐기면서 현재의 생활에도 만족하는 태도라고 생각한다. 앞의 5가지를 균형 있게 준비하는 동시에 삶의 가치로 실천해 나가는 생활 자체가 노테크라는 것이다.

혹자들은 노후 준비를 한다고 하면 내가 불행하게 사는 줄 안다. 하지만 전혀 그렇지 않다. 나는 오늘보다 내

일이 더 행복한 사람이다. 먼 훗날 퇴직 후를 생각하면 벌써부터 가슴이 설렌다. 지금의 인생도 너무 즐겁다. 당당하고 풍요로운 내 노후가 기다리고 있다는 믿음 덕분이다. 이것이 믿는 구석 하나 없는 내가 스스로 믿는 구석을 만드는 과정이다. 든든한 미래가 있으면 현재의 하루하루도 행복하게 살아갈 수 있다.

현재와 미래가 동시에 행복할 수 있는 방법

내가 노후 준비를 하는 이유는 매일매일 선물 받는 삶을 즐기기 때문이다. 노후 준비는 미래의 나에게 주는 선물이다. 어떻게 보면 현재의 행복을 포기하고 미래로 보낸다고 생각할 수도 있겠지만, '미래의 나'도 '나'다(남이 아니다). 그리고 미래의 나에게 선물을 해주는 현재의 나는 행복하다. 선물도 원래는 받는 사람보다 주는 사람이 더 행복한 법이기 때문이다. 선물을 주는 사람도 나고 받는 사람도 나니, 어떻게 안 행복할 수 있겠는가.

우리의 삶은 때론 지루하다. 기다려지는 무언가가 있어야 재밌어진다. 여행을 가기로 했다면 그날이 오기를 기다리면서 즐겁고 설레듯이 행복한 노후를 꿈꿔보는 건 어떨까? 인생은 여행에 비할 수 없을 정도로 훨씬 더 길고 중요한 여정이 아니던가.

지인지조:
지 인생 지가 조진다

'나는 현재의 즐거움을 누리겠어!'라며 대책 없는 소비 생활을 하는 애들 특징이 있다. 평생 그렇게 살 수 있을 거란 굉장한 착각을 한다. 그러곤 은연중에 일확천금을 바란다. 머릿속으로 일확천금을 꿈꾸니까 오늘 쓰는 돈을 아까워하지 않는 것이다.

욜로 생활을 하는 사람들이 오히려 돈에 관심이 더 많다. 결국은 부자가 되기를 원한다. 그러면서 거꾸로 되는 짓을 하고 있다. 참 모순적이다. 일확천금을 바라는데 현실은 그게 안 되니까 '에라, 모르겠다!'하고 써 재끼는 거다. 그러면서 매주 로또는 사고 자빠졌다.

안 그런 척하면서 사실은 돈에 집착하는 꼴이다. 지금

내 글을 읽고 불편하다면, 미안하지만 당신은 그거에 해당되는 사람이다. 불편할수록 약이다 생각하고 읽어라. 이 책은 아직도 정신 차리지 못한 젊은이들, 정신 차리고 싶은 젊은이들 그리고 정신 좀 차렸으면 하는 사람에게 선물이 됐으면 하는 마음으로 쓰는 책이다. 힘들겠지만 불편한 진실을 마주해라. 그래야 욜로 지옥에서 벗어날 수 있다.

지인지조 하는 애들이 또 주변 사람 말은 더럽게 안 듣는다. 자기가 옳다고 생각하는 줏대 있는 신념을 가지고 있다. 그러면서 나중에 잘못되면 남 탓을 한다. 만약 현재 삶에 불만이 있다면 그건 네 탓이지 세상 탓이 아니다. 현재의 삶이 가난하다면 그것도 네 탓이지 부모 탓이 아니다.

인생의 삼모작은 스스로 경작하는 것이다. 초년 운은 부모로부터 결정된다 할 수도 있겠지만 중년, 말년 운은 오로지 자기가 쌓아온 결과물에 따라 달라진다. 지인지조다. 지 인생은 지가 조지지, 남이 조지는 것도 아니고 부모가 조지는 것도 아니다. 물론 네 돈 갖고 네 인생 망치는 거 누가 뭐라 할 권리는 없다. 하지만 나중에 남 탓만은 하

지 말길, 본인 인생은 본인이 책임져야 한다는 사실만은
기억하길 바란다.

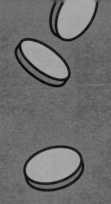

2
장

돈을 쓰는 대로
생각하지 말고
생각하는 대로
써라

재테크를
시작하기 전에

뒤늦게 재테크에 관심이 생겨 이제부터 돈을 관리해야겠다고 다짐했다면 그다음 떠오르는 질문이 있다.

'그런데 재테크를 어떻게 시작하지?'

당장 뭐부터 해야 할지 막막하고, 우선 어디에 투자라도 해야 하나 싶을 것이다. 서두르지 말자. 모든 일에는 절차가 있고 그를 위한 준비 과정이 필요하다. 재테크는 '절약-저축-투자'의 무한 반복이다. 최대한 절약해서 가능한 한 돈을 많이 모아서 적절한 투자를 하는 것이다.

그럼 이 과정으로 뛰어들기 전에 어떤 준비를 해야 할까? 가장 먼저 자신의 재무 상태를 점검해야 한다. 자신이 현재 얼마를 벌고, 얼마를 쓰고, 자산은 어디에 얼마

가 있는지를 알아야 한다. 그러기 위해 가장 좋은 방법이
바로 가계부 쓰기다.

가계부에 수입, 지출, 자산을 정리하면 자신의 재무
상태가 한눈에 드러나는데, 이런 적나라한 자신의 모습
을 거울에 비출 수 있어야 절약이란 첫 번째 스텝을 밟을
수 있다.

1원도 돈이다

당신도 모르게 줄줄 새고 있는 월급. 그 월급 누수를
잡아줄 귀신이 바로 가계부다. 가계부를 쓰면 어떤 비용
이 정기적으로 나가고 그 외 변동 지출은 어디에 하는지
하나씩 뜯어보게 된다. 그러다 보면 줄일 수 있는 고정
비, 불필요하게 쓴 지출이 탁탁 튀어나온다.

무엇보다 가계부는 세세하게 작성해야 한다. 지출 사
유와 금액, 결제 수단 등 그 내역을 가능한 한 구체적으
로 적는 게 좋다. 내 경우 '1원' 단위까지 기록했다. 천 원
단위에서 반올림하는 등 대충 적는 경우는 없었다. 이렇
게 하면 나의 수입과 지출을 정확하게 알게 되는 장점 외
에도, 작은 금액까지 하찮게 여기지 않고 돈으로 인식하

게 되는 효과까지 있다.

예를 들면 카드 캐시백 14원, 31원, 29원까지 수입으로 잡고 입금 칸에 다 기입했더니 10원까지 소중히 여기게 되는 (길가다 10원짜리 동전이 보이면 줍는) 경지에 이르렀다. 백 원이 없으면 천 원이 없고, 천 원이 없으면 만 원도 없다는 생각을 늘 하게 된다.

가계부로 만드는 올바른 소비 습관

가계부 관리의 가장 중요한 포인트는 예산을 정하고, 매월 예산 안에서 소비하기 위해 노력하는 것이다. 그렇게 하지 않으면 돈을 있는 대로 다 쓴다. 가계부를 쓰는 의미가 없어진다. 이를 위해 연간 재무 목표부터 세워야 한다. 재무 목표 설정이라고 하면 막연하게 느껴지겠지만 별것 아니다.

일단 1년에 얼마를 모을지 잡아보자. 그럼 그 목표 금액을 12개월로 나누고 자신의 월 소득에서 해당 금액을 제하면 한 달 예산이 나온다. 예를 들어 올해 3천만 원을 모으기로 한 직장인 월급이 350만 원이라면, 매달 250만 원(3천만 원/12개월)을 모으기 위해 월 지출 예산을

100만 원으로 잡는다.

연간 목표 금액 ÷ 12개월 = 월간 목표 금액

월급 - 월간 목표 금액 = 월간 지출 예산

나 자신에게 나름대로 이만큼의 용돈만 주는 것이다. 그러면 그걸 달성하기 위해 오만가지 노력을 하는 과정에 자연스럽게 절약하게 되고 불필요한 지출을 안 하게 된다. 계획에 맞는 라이프 스타일로 생활하게 되는 것이다. 가계부를 쓰다 보면 돈을 안 쓴 날은 정리할 게 없어서 좋다. 가계부 쓰는 게 힘들다는 사람들은 지출이 많아서다. 적을 내역이 많기 때문이다.

나는 가계부를 쓰기 시작하면서 신용카드를 없앴다. 신용카드는 지출이 바로 빠져나가지 않는다. 계좌 잔고와 안 맞으니 돈이 꼬여서 관리가 잘 안 됐다. 그리고 신용카드를 발급했던 이유는 각종 혜택 때문이었는데, 가계부를 쓰다 보니 내가 그 혜택들을 다 사용하지 않는다는 걸 알게 됐다.

자주 사용하지 않는 신용카드도 혹시나 해서 가지고

있었는데 가만 보니 연회비가 매년 몇만 원씩 나가고 있었다. 쓰지도 않는데 뭐 하러 카드사에 기부를 하나, 다음에 필요하면 그때 다시 만들면 되지 싶어 바로 해지했다. 과감한 선택이었다. 그 당시 일명 '혜자 카드'로 유명했던(혜택이 좋아 소비자들이 많이 찾지만 단종되어 더 이상 신규 발급은 안 되는) 카드까지 모두 해지했다.

왜냐면 그 혜택마저도 전월 실적 30만 원을 채워야 받을 수 있는데, 실적을 채우기 위해 매달 신경 쓰는 것도 번거롭고, 딱 30만 원을 맞출 수 없으니 그 이상 불필요하게 지출하는 일이 더러 있었기 때문이다(30만 원 채우려다 32만 원, 45만 원, 50만 원을 넘게 쓰는 달이 태반이었다).

'카드사 갈아타기'를 하면서 혜택만 잘 받아먹는 사용자도 있다지만, 나는 신용카드를 해지하고 나니 신경 쓸 것이 사라져서 속이 시원했다. 무엇을 사고 혜택을 받는 것보다 아무것도 안 사고 지출이 0인 게 나한테 편했다.

가계부를 통해 반드시 되돌아봐야 하는 것

가계부를 쓰다 보면 종종 후회가 밀려올 때가 있다. '내가 이걸 왜 샀지?' '이 돈 왜 쓴 거지?' '아, 아까워!'라고 느껴지는 순간. 아까운 돈을 다시 지갑으로 주워 담고 싶지만 이미 내 손을 떠난 지 오래라 어쩔 수 없다. 돈을 버는 건 어렵지만 쓰는 건 한순간이구나, 잘 버는 것도 중요하지만 잘 쓰는 것도 중요하다고 느끼며 돈의 소중함을 배워간다.

이렇게 후회되는 지출이 있을 때 가계부에 메모 표시를 해 두면 좋다. 지출에 대한 후기를 남겨놓는 것이다. 그러면 한 달을 마감할 때 돌아보며 반성의 시간을 가질 수 있고, 그걸 개선 포인트로 삼아 다음 달에는 주의하게 된다. 그렇게 다다음 달, 1년, 2년, 계속해서 경험치가 쌓이면 자신도 모르는 사이 합리적 소비의 능력치가 올라간다.

가계부를 아무리 들여다봐도 더 이상 줄일 만한 지출이 안 보일 때 고정비를 손봐야 한다. 우리는 고정비라는 이름에 잘 속는다. 말 그대로 '고정된 비용'이라고 생각하고 아예 건드릴 생각을 안 한다. 매달 나가는 비용이기 때문에 익숙해져서 당연하게 생각하는 것이다.

고정비는 전월 자료를 복사 붙여넣기 해서 쓰고 변동비 목록에만 집중하는 함정에 빠지기도 한다. 이래서 고정 지출이 상시 지출보다 더 무섭다. '이게 언제부터 고정되어 있었지?' '이 고정비를 줄일 수 있는 방법은 없을까?' 하는 생각의 전환이 필요하다. 10년이고 20년이고 앞으로도 쭉 매달 나갈 돈인데 그냥 놔둔다고 상상하면 섬뜩하다. 한정된 소득을 가진 사람이 돈을 더 많이 모으려면 얼른 고정비부터 뜯어고쳐야 한다.

한 가지 예를 들어보겠다. 대표적인 고정비로 보험료가 있다. 보험료를 다달이 몇십만 원씩 내면서 자신이 무슨 보험을 들었는지도 모르는 사람이 많다. 특히 부모님이 내 주시던 보험을 그대로 물려받았는데 보장 내용도 모른 채 내고 있는 경우 혹은 사회 초년생 때 종신보험을 저축보험으로 잘못 알고 드는 경우도 있다.

매달 자동이체로 나가는 보험료를 볼 때마다 '내가 이거 잘 내고 있는 거 맞나?' 싶다가도 귀찮아서 그냥 덮어둔다. 하지만 나에게 불필요한 보험이면 어떻게 할 것인가. 지나치게 비싼 보험료를 내고 있는 거면 어떡할 것인가. 한 번쯤은 확인 후 과감하게 정리해야 한다. 나와 맞지 않은 보험을 든 거면 나중에 막상 필요할 때 보장도 못 받는다. 그럼 20년, 30년 뒤 그 세월은 누가 보상해주겠는가. 그때 가서는 그동안 낸 게 아까워서 해지도 못한다(보험은 상품 특성상 중도해지 시 손해를 보게 된다).

초장에 잡아야 한다. 더 이상 방치하지 말자. 기본적으로 자신이 어떤 보험 상품에 가입되어 있는지, 상해나 질병으로 병원에 가게 됐을 때 보험금은 제대로 받을 수 있을지 정도는 확인해 봐야 한다. 통신비, 구독료 등 다른 고정비도 마찬가지다. 같은 성격의 더 실속 있는 상품들을 찾아보면 비용을 줄일 수 있을 것이다.

가계부를 쓰기 귀찮다는 사람들에게

가계부를 생전 안 쓰던 사람이 갑자기 매일 쓰려고 하면 힘들 것이다. 나도 난생 처음 가계부를 쓰기 시작할 땐 어려웠던 것 같다. 하지만 몇 달만 노력해서 습관으로 만들고 나니 그 뒤로는 쉬웠다. 평범한 일상 속 나만의 루틴이 되었다.

나는 매일 밤 자기 전 책상에 앉아 가계부 쓰는 시간을 가진다. 이걸 안 하면 그날 마감이 안 될 정도로 몸에 뱄다. 가계부를 쓰며 하루를 정리하는 시간을 가지면 좋은 점이 있다. 내가 세운 재무 목표에 얼마나 도달하고 있는지 매일 점검하게 된다. 나의 온 신경이 목표에 집중되어 일상에서 행동으로 이어진다. 그리하여 목표달성도가 올라간다.

"그런 거 들여다볼 시간 없어요." "바빠서 가계부 쓸 시간이 없어요."라는 말은 다 핑계다. 무슨 시간이 그렇게 많이 걸릴까? 하루 10분만 투자하면 되는데. 저녁에 의미 없이 멍하니 TV 앞에서 보내는 시간, 침대에 누워 자기 전까지 한참 휴대폰 화면 들여다볼 시간에 차라리 가계부를 써라. **나와 내 가족의 미래를 만들어가는 일인데 귀찮은 게 어딨는가.**

요즘은 가계부를 쓰는 방법도 여러 가지다. 노트에 수기로 쓸 수도 있고, 컴퓨터 엑셀로 쓸 수도 있고, 모바일 어플을 사용할 수도 있다. 사용자 편의성을 고려해 개발된 가계부 어플도 수십 가지다. 어떤 게 제일 좋은 방법인지 정답은 없다. 본인이 가장 쓰기 편한 유형의 가계부를 선택해서 하루라도 빨리 쓰기 시작하는 게 중요하다. 시험 삼아 이것저것 써보면 금방 자신만의 선호가 생길 것이다.

내가 항상 "뭐부터 해야 할지 모르겠다면 가계부를

쓰세요!"라고 자신 있게 말하는 이유는 가계부만 써도 많은 것이 달라지기 때문이다. 나도 내 가계의 주인이 되어 스스로를 신뢰하는 느낌, 균형 잡힌 생활을 하고 실질적인 장기 계획을 세우는 느낌, 나 자신과 협력하며 목표를 향해 달려가는 흥미로운 느낌이 든다. 이 정도면 그냥 '장부'라 부르기엔 너무 아까운 이름이다. 이 대단한 자료를 직접 기록해서 부자가 되기 위한 첫 도구로 활용해보고 싶지 않은가?

1단계

**절
약**

한정된 수입으로 돈 보따리를 키우려면
최대한 아껴야 한다. 절약을 생활화하지 않으면
아무리 고소득자라도 절대 자산가가 될 수 없다.

20대에 22개국 해외여행 다니고도 1억 모은 비결

영국, 스페인, 이탈리아, 스위스, 독일, 체코, 오스트리아, 네덜란드, 벨기에, 프랑스, 일본, 중국, 필리핀, 베트남, 라오스, 태국, 인도네시아, 싱가포르, 대만, 호주, 홍콩, 마카오 총 22개국. 내가 20대 때 여행한 나라들이다.

이 중 절반은 학생 때, 절반은 직장인일 때 다녀왔다. 대학 시절 '외국은 부모님 돈으로 가는 게 아니다.'라는 신념 하나로 학교나 국가 돈으로 갈 수 있는 프로그램을 많이 이용했다. 하지만 내 돈으로 간 여행이 더 많았다. 그래서 내가 20대 때 1억을 모았다고 하면 사람들은 놀란다.

그렇게 여행 다니려면 돈이 한두 푼 드는 게 아닐 텐

데 어떻게 1억을 모았냐고, 집에 원래 돈이 많은 거 아니냐고. 그러게 말이다. 나는 놀 거 다 놀면서 어떻게 1억이라는 큰돈을 모을 수 있었을까? 잘 나가는 고액 연봉자도 아니고, 잘 사는 집 딸도 아닌데.

우리 집은 형편이 좋지는 않았다. 외벌이 아버지의 수입으로 자식 둘에 노인 둘까지 먹고 살았으니(나는 어릴 때부터 친조부모님과 함께 살았다) 항상 넉넉하지 못했다. 어렸을 때 갖고 싶은 게 있거나 먹고 싶은 게 있으면 무조건 '참기'부터 했던 기억이 난다.

19살이었던 고등학교 3학년 때 수능이 끝나자마자 부모님으로부터 경제적으로 독립했다. 11월부터 이듬해 3월인 대학 입학일 전날까지 마산자유무역지역 내 휴대폰 공장에서 일했다. 다행히 등록금이 저렴한 국립대에서 장학금을 받고 다녀 학비 부담은 없었지만 생활비는 스스로 마련해야 했다. 그러다 보니 대학생 때 10가지가 넘는 아르바이트를 했다.

친구들이 붙여준 내 별명은 '알바몬'이었다(당시 나처럼 항상 아르바이트를 하는 친구들이 많았기에 외롭진 않았다). 그때부터 내가 벌어 내가 먹고살다 보니 경제관념이 일찍 박히고, 생활을 위한 절약이 몸에 배었다. 사실 절약 DNA는 할아버지 때부터 내려온 우리 집안의 유산이기도 하지만 나는 그 덕목을 좀 더 일찍 갖추게 됐다고 할 수 있겠다.

돈을 다스리는 절약의 힘

절약의 뜻이 뭘까? 나는 국어사전에 나오는 절약의 정의를 보고 감탄했다.

'함부로 쓰지 아니하고 꼭 필요한 데에만 써서 아낌.'

딱 한 줄로 잘 표현되었다. 돈을 함부로 쓰지 않고, 꼭 필요한 데만 쓰고, 아낀다. 즉 불필요한 데 돈을 쓰지 않는다! 내가 놀 거 다 놀면서 1억을 모을 수 있었던 비결은 바로 절약이었다. 실제로, 꼭 필요한 소비만 하니까 월급 받아 저축과 투자를 하고도 신기하게 여행할 돈이 남았다. 거짓말 같지만 이것이 절약의 마법이다.

'쓸데없는 돈'을 안 쓰기만 하면 된다. 정말 아끼고 아껴서 쓸데 있는 데만 돈을 쓰면 돈이 남게 되어 있다. "월급이 부족해요." "생활비 쓰고 나면 남는 돈이 없어요." 라는 말을 입에 달고 사는 사람들은 본인이 진정 허리띠를 졸라매 봤는지 가슴에 손을 얹고 생각해 봐야 한다. **사고 싶은 거 다 사고 먹고 싶은 거 다 먹으면서 돈이 남길 바라면 안 된다.**

적어도 자신이 돈을 모으고 싶고 부자가 되고 싶은 생각이 있다면, 절약은 선택이 아닌 필수다. 아무리 많이 벌어도 소비를 헤프게 한다면 밑 빠진 독에 물 붓기 아니겠는가. 투자는 둘째로 치고 일단 절약이 밑바탕이 되어야 하는 이유다.

절약에 성공하고 싶은 사람들을 위해 '절약 팁 7가지'를 소개하자면 다음과 같다. 간단하게 하나씩 나의 경험을 비추어 얘기해보겠다.

절약 1. 생활비 – 자취 금지

나는 입사 때부터 결혼 전까지 회사 기숙사에 살았다. 기숙사에 산다는 건 자취를 안 했고 통근시간이 없었다는 걸 의미한다. 나에게 '자취=불필요한 비용, 통근=불필요한 비용+시간 낭비'로 인식됐다. 그래서 애초에 취업을 준비할 때 이런 것들을 고려해서 사택이 있는 회사에 입사를 했던 것이다.

이게 바로 내가 돈을 버는 길이었다. 가능하면 부모님 집이든 회사 기숙사든 붙어살아야 목돈을 빨리 모을 수 있다. 이것은 진리다. 그런데 본가에서 다닐 수 있고 회사 기숙사가 있는데도 자취를 하는 친구들을 보면 아리송했다.

우리 회사에도 미혼 직원들이 모두 기숙사 생활을 하는 건 아니었다. 무료로 제공하는 멀쩡한 기숙사를 두고 돈 들여서 자취하는 직원들이 많았다. 기숙사는 개인 공간의 느낌이 없고 퇴근한 느낌도 안 든다는 이유에서였다.

회사가 위치한 곳이 공단지역이라 번화가와는 거리가 멀긴 했다. 그래서 술을 자주 마시는 사람들은 시내 중심에서 술을 먹고 기숙사에 들어오려면 대리비나 택시비가 더 든다며 퇴소하는 직원도 있었다. 그런데 나는 기숙사가 회사 안에 있어서 오히려 좋았다. 출퇴근 5분 컷으로 길바닥에 버리는 시간도 없고, 무엇보다 여자 혼자 밖에서 자취하는 것보단 회사 안에 사는 게 더 안전하다고 판단했기 때문이다.

자취를 하면 아무래도 더 편하게 친구들도 초대할 수

있고 집도 꾸밀 수 있다. 자취를 하는 친구들은 시간과 비용이 들더라도 당장의 삶의 질을 생각해서 한 결정일 것이다. 모든 건 기회비용이다. 하지만 나는 과감히 포기했다. 더 큰 기회비용을 위해서. 결과적으로 나는 기숙사에 살면서 엄청나게 절약한 돈으로 훨씬 더 많은 것들을 할 수 있었고, 자투리 세계여행은 그것의 일부였다.

절약 2. 치장비 − 사치 금지

나는 명품, 사치를 싫어한다. 나 자체가 빛이 나야지 내가 든 가방 따위가 뭐가 중요할까? '여자는 명품백 하나쯤은 가지고 있어야 한다.'는 말은 도대체 누가 만든 법인지 모르겠다. 자신의 월급보다 비싼 명품 가방을 사는 사람도 많다. 월급 300만 원 받으면서 300만 원 넘는 가방을 사는 건 내 기준에는 완전 사치다. 차라리 그 돈 모아서 아파트 분양권을 사는 게 낫겠다. 내가 첫 아파트를 분양받을 당시 발코니 확장비가 정확히 1,584만 원이었다. 500만 원짜리 명품백 딱 3개 사면 끝나는 돈이다.

어떤 친구들은 쇼핑을 습관처럼 한다. 문 앞에 쌓인 택배 박스들을 뜯는 게 퇴근 후 일과다. 절약을 하고 싶다면 그놈의 쇼핑 앱부터 다 지워야 한다. 쇼핑 앱 화면 스크롤을 끊임없이 내리다 보면 보이는 걸 다 사고 싶은 욕심이 생긴다. 견물생심見物生心. 쳐다보면 갖고 싶은 법이다.

나는 윈도쇼핑도 잘 안 한다. 약속 장소에 일찍 도착해 시간이 남으면 근처 서점에 들어가지 백화점에는 안 들어간다. 괜히 둘러보면 쓸데없이 또 '어, 세일하네!' 하면서 하나씩 사게 된다. 그러니 아예 관심을 꺼야 한다. 계절마다 옷 안 사도 된다. 이미 옷장 안에 옷이 꽉 찼지 않는가. 있는 옷만 입어도 한 2년은 쇼핑 안 하고도 충분히 살 수 있을 것이다.

절약 3. 병원비 ─ 몸에 나쁜 행동 금지

건강 유지가 제일 큰 절약이다. 병원비, 약값만큼 불필요한 지출도 없다. 나는 건강 관리에 각별히 신경을 쓴다. 술이나 담배를 하지 않고, 운동하고, 건강한 식습관을 가지고, 잠을 충분히 자려고 노력한다.

20대 중반에 피부가 뒤집어져서 한의원에 갔더니 한약 등 치료비가 많이 나온 적이 있다. 그 후로 피부에 안 좋은 밀가루를 끊었다. 밀가루 음식 사 먹는다고 돈 쓰고, 피부과 간다고 돈 쓰고 이게 뭐 하는 건가 싶어서였다. 그 뒤로 체질이 바뀌어서 피부 트러블이 싹 없어졌다.

언제부턴가 술도 끊었다. 술 안 마시면 무슨 재미로 사냐고 묻는 사람들이 있는데, 나는 술 말고도 세상에 재밌는 게 천지빼까리(경상도 사투리로 온 세상에 널려 있다는 뜻이다)라서 술이 필요하지 않다. 게다가 내 돈 들여 내 몸에 안 좋은 짓을 왜 하겠나. 차라리 그 돈으로 차에 기름 넣고 여행가는 게 훨씬 행복하지.

나는 음식도 절대 급하게 먹지 않고 꼭꼭 씹어 먹는다. 치아에 안 좋은 질긴 음식은 되도록 삼가고, 덩어리가 큰 음식은 최대한 가위로 잘라서 먹는다. 내 몸 건강, 체력, 면역력 관리는 기본으로 깔고 가야 하는 거다. 아프면 서러운데 거기다 돈까지 많이 들면 사람이 더 힘들다. 건강 관리는 최고의 재테크다.

절약 4. 과식비 – 야식 금지

나는 배달 음식을 1년에 한 번 시켜 먹을까 말까 할 정도로 거의 먹지 않는다. 배달 음식은 음식을 직접 해 먹는 거보다 비싸다. 그리고 플라스틱 쓰레기가 너무 많이 나온다. 코로나 이후 우리나라 음식점 대부분이 배달 주문이 가능해져서 요즘 사람들은 음료 한 잔도 배달시켜 먹는다. 늦은 밤에 야식도 많이 시켜먹던데, 돈은 돈대로 나가고 몸은 몸대로 안 좋아진다.

야식도 습관이다. 야식으로만 한 달에 30만 원 넘게 쓰는 언니를 본 적이 있다. 정말 배달 음식만 끊어도 일 년에 최소 400만 원은 아끼겠단 생각이 들었다. 식후 커피도 습관이다. 커피를 좋아해서 마시는 사람도 있지만 밥 먹고 나서 습관적으로 커피를 찾는 사람도 많다. 요즘 밥값보다 비싼 음료를 파는 카페도 많은데, 두 번 갈 거 한 번으로만 줄여도 지출의 절반은 아낄 수 있을 것이다.

절약 5. 멍청비 - 호갱 금지

멍청하게 있다가 해지 안 해서 자동결제 당하는 비용으로 각종 구독 서비스 이용료가 대표적인 예다. 한 달 무료 체험이라고 해서 가입했다가 까먹고 다음 달도 결제되고, 귀찮다고 놔둬서 그 뒤로도 계속 결제된다. 이런 사람들 때문에 기업들이 낚시성 이벤트를 하는 거다. 달력에 혜택 만료일 딱 체크해놓고 그 전날 잊지 말고 해지하도록 하자.

절약 6. 재고비 — 낭비 금지

자신의 집이 마트 창고인 것처럼 재고를 쌓아두고 공간 낭비를 하는 사람들이 있다. 할인한다고 무조건 묶음으로 사거나 2+1, 3+1 상품을 사서 집에 쟁여놓는다. 하필 꼭 부피가 작지도 않은 생필품들을 말이다. 그것들 모셔놓으려고 30평대 아파트를 구한 건가?

공간 차지는 엄청난 낭비다. 제조업 7대 낭비 중에 '재고의 낭비'라는 게 있다. 항만에서도 화물을 보관하려면 창고료를 줘야 한다. 산술적으로는 여러 개 사는 게 더 저렴할지 모른다. 하지만 그걸로 이번 달 지출액을 늘릴 필요가 있을까? 차라리 이번 달 재테크에 보태자.

절약 7. 공임비 — 전문가 의존 금지

뭐든지 인건비가 들어가면 비싸진다. 나는 그게 아까워서 조금만 알아보면 스스로 할 수 있는 것들은 직접 하려고 한다. 우리가 돈 주고 사람한테 맡기는 일 중에도 자세히 보면 되게 간단한 것들이 많다. 모르면 못 하고 조금만 알면 할 수 있다.

초보 운전 때는 자동차 에어컨 필터도 카센터에 가서 교환했다. 그런데 필터만 인터넷으로 사서 직접 갈면 지출액이 4만 원에서 1만 원이 되는 걸 경험하고는 이젠 당연히 내가 하는 일이 되었다. 내 측근 중에는 미용실 커트 비용이 아깝다고 집에서 직접 머리를 자르는 친구도 있다(여자 후배인데 '머리 길이만 잘리면 되지 뭐'라고 말한다).

부자도 절약을 할까?

우리가 상상하는 억만장자들은 모두 고급저택에 살고 전용기 타고 다니며 늘 호화로운 생활만 할 것 같지만 꼭 그렇지 않다. 세계 최대 가구업체 이케아^{IKEA} 설립자 잉바르 캄프라드$^{Ingvar Kamprad}$는 330억 달러 자산가로 유럽 최고 갑부 중 한 명이었지만 93년산 볼보 승용차를 20년 가까이 몰았고, 출퇴근은 버스를 타고 했으며, 자신이 한 유일한 사치는 스웨덴산 생선 알을 사 먹은 것이라고 했다.

미국의 억만장자 메타 CEO 마크 저커버그$^{Mark Zuckerberg}$는 평소 똑같은 티셔츠와 청바지 차림에 차도 소형차나

중형차를 탄다. 저커버그 부부가 로마 신혼여행 중 찍힌 사진을 보면 삼선 슬리퍼를 신고 맥도날드에서 점심을 산 뒤 주변 계단에 앉아서 먹고 있다. 당시 세계 5위 부자가 말이다.

영어 단어 'Scottish'는 '구두쇠'란 뜻이 있는데 그 이유가 뭔지 아는가? 미국 사회에서 스코틀랜드인들의 백만장자 비율이 주류 인종인 잉글랜드계보다 월등히 높은데(미국에 거주하고 있는 스코틀랜드 출신 5명 중 1명은 백만장자라는 수치가 있을 정도로 높다), 스코틀랜드인들이 검소한 생활로 유명하다고 한다. 부의 비결이 바로 근검절약에 있는 것이다.

규칙적인 운동 습관이 건강을 바꾸듯 규칙적인 절약 습관이 인생을 바꾼다. 많은 부자들은 너무나 평범한 이 원칙을 지켜서 당대에 부자가 되었고 부자가 된 후에도 이 원칙을 지킨다고 한다. 부자가 되고 싶다면 절약을 생활화하자.

아까운 돈이
많아야 하는 이유

우리는 여러 가지 이유로 돈을 쓴다. 필요해서 쓰고, 사고 싶은 데 쓰고, 할 수 없이 쓰고, 어쩌다가 쓰기도 한다. 문제는, 이유 없이 그냥 '돈을 쓰고 싶어서' 쓰는 경우다. "스트레스엔 돈 쓰는 게 최고야!"라고 어떤 이들은 말한다. 가만 보면 대한민국 직장인들 월급의 절반은 스트레스 값이다.

피땀 흘려 힘들게 번 돈을 왜 그렇게 쉽게 쓸까? 내 경우에는 돈을 쓰는 게 스트레스다. 절약 생활에 제대로 빠지게 되면 쇼핑이 싫어진다. 주문 결제를 할 때마다 가난해지는 느낌이 들기 때문이다. 절약하는 게 힘들다는 사람들은 아직 돈의 소중함을 모르는 사람들이다. 절약이 고통스럽다고? 나는 내 귀한 돈을 쓰는 게 더 고통스럽다.

사람들이 절약에 실패하는 이유가 무엇일지 생각해 봤다. 내가 생각했을 때 가장 큰 이유는 돈이 아까운 줄 몰라서다. 돈이 아깝다는 생각이 들면 자연히 안 쓰게 되는데, 억지로 '절약해야 돼.' '돈 쓰면 안 돼.' 생각하니 까 (쓰고 싶은데 억지로 욕구를 참고 안 쓰려고 하니까) 힘들 기만 하고 절약 실천이 잘 안 되는 것이다.

그렇다면 나는 어떤 돈을 제일 쓰기 아까워할까 곰곰 이 생각해봤다. 일상 속에서 돈이 아깝게 느껴지는 대표 적인 몇 가지에 대해 얘기해보겠다.

아까운 돈 1. 듣지 않은 수업의 수강료

비싼 수강료를 내서 등록해놓고 이용하지 않는 경우 가 있다. 매해 1월은 담배 판매량이 줄고, 어학 서적 판매 량이 증가하고, 헬스장 이용객이 늘어난다고 한다. 새해 에는 너도나도 의욕적이어서 금연해야지, 영어 공부 해 야지, 운동해야지 다짐하는 것이다. 하지만 해당 수치들 은 2~3월이 되면 순식간에 줄어든다.

1년 내내 의지가 강한 사람은 드물단 사실이다. 그렇

게 한 번에 수십만 원 혹은 수백만 원을 주고 끊은 운동 강습료와 영어 인강 패키지는 고스란히 사업주 주머니로 들어가거나(알고 보면 새해 이벤트 가격이 제일 비싸다) 중고 마켓에서 "양도합니다"라는 제목의 글과 함께 올라온다.

대부분 처음에 어떤 마음으로 등록하게 되냐면, 돈이 들어가지 않으면 안 할 것 같아서 지른다. **"돈을 들여야 운동을 해." "돈을 써야 공부를 하지."라며 본인의 약한 의지를 돈으로 메꾼다.** 의지만 있으면 무료로 할 수 있는 것에 이렇게 돈을 붓는 경우가 제일 아깝다. 어차피 마음가짐이 글러먹은 사람은 아무리 돈을 쓰고 무슨 짓을 해도 운동 안 한다.

원래 운동은 돈 안 들이고도 어디서든 할 수 있다. 나가서 걸어도 되고, 뛰어도 되고, 철봉을 해도 되고, 산에 올라갔다 와도 된다. 때 되면 바뀌는 계절을 느끼며 자연과 함께 하는 게 훨씬 좋다. 모든 건 의지의 문제다.

어학 공부도 마찬가지다. "영어 공부 해야 되는데!" 맨날 말로만 영어 공부를 하는 사람들이 있다. 공부를 하는 시간보다, 공부해야 한다고 말하는 시간이 더 많다. 그럴 시간에 그냥 무료로 공부할 수 있는 방법부터 찾아서 해보자. 유튜브만 들어가도 수준 높은 교육 영상들이 넘쳐난다. EBS만 이용해도 외국어를 종류별로, 수준별로 돌아가면서 하루 종일 수업을 들을 수 있다.

아까운 돈 2. 미리 준비했으면 쓰지 않았을 돈

준비성 부족으로 안 써도 될 돈을 쓰는 경우가 있다. 날씨 예보 확인 안 하고 외출한 날 갑자기 비가 와서 구매하는 일회용 비닐우산. 정해진 시간(약속 시간, 출근 시간, 수업 시간)에 늦어서 타는 택시. 모두 계획에 없는 지출이다.

직접 목격한 실화인데 이런 경우도 봤다. 타지에서 하는 친구 결혼식에 참석하기로 했는데 지인이 전날 술 마시고 늦잠을 잤다. 그는 옷을 얇게 입고 허둥지둥 나왔더니 밖에 날씨가 춥다며 버스터미널 아울렛에서 급하게 비싼 코트를 사 입었다.

자기 관리 부족으로 인한 준비성 부재로 발생한 불필요한 지출이다. 계획성 있게 컨디션 조절해서 아침 일찍 일어나 여유 있게 준비했으면 그럴 일은 없었을 테니 말이다. 다른 날 쇼핑했으면 같은 돈으로도 더 마음에 드는 괜찮은 옷을 고를 수 있었을 것이다.

우리는 '불안할 때' 가장 많은 소비를 한다. 홈쇼핑에 매진 임박이 뜨면 급하게 주문 전화를 누르는 이유도 놓칠까 봐 불안해서다. 그래서 시간이 촉박한 상황에는 쇼핑을 하지 않는 게 좋다. 현명하지 못한 선택을 할 확률이 높기 때문이다.

속도위반 과태료도 이 맥락에 속한다. 여유 있게 나오면 느긋하게 갈 수 있는 것을 약속 시간에 늦어서 마음이 급하니까 과속을 하게 되는 것이다. 과속, 신호위반 딱지는 그야말로 길거리에 뿌리는 돈이라서 제일 아깝다.

먹으려고 사 놓고 상해서 못 먹고 버리는 음식도 마찬가지다. 냉장고에 뭐가 있는지 체크하고 장을 보러 가야 하는데 그러지 않아서 있는 걸 또 사고, 먹을 양보다 많은 음식을 냉장고에 보관해두다가 결국 썩는다. 음식물 쓰레기 버리는 것도 돈인데 말이다.

나는 밖에서 물 사 먹는 돈도 너무 아깝다. 그래서 (특히 여행 중에는) 꼭 물병을 챙겨 다닌다. 집에서 나올 때 물을 담아서 나온다. 외출 중 물을 다 마시면 휴게소나 푸드 코트 등 정수기가 있는 곳에서 물을 채워두고,

목이 마를 때 마신다. 이렇게 하면 단돈 천 원이라도 생수를 굳이 돈 주고 사 먹지 않고, 갈증 난다고 카페에 들러 비싼 음료를 사 먹을 일도 없다. 남편과 미국 신혼여행을 갔을 때도 이 '물병 스킬'로 마실 것 사 먹는 비용을 얼마나 아꼈는지 모른다. 특히 외국은 식당에서도 물을 공짜로 주지 않는 경우가 많아 물병 지참이 필수다.

아까운 돈 3. 연인끼리 주고받는 터무니없이 비싼 선물

연애할 때 남자친구가 사주는 비싼 선물이 아까웠다. 서로에 대해 깊게 알지 못했던 연애 초반, 당시 남자친구였던 현재의 남편이 크리스마스 선물로 나에게 비싼 목도리를 사준 적이 있다. 목도리 하나가 20만 원이 넘는다고 해서 소스라치게 놀랐다. 2만 원짜리 목도리도 살까 말까 하는데 20만 원이라니?!

브랜드 이름은 모르겠지만 그냥 손톱만 한 여우 얼굴 하나가 붙어 있을 뿐이었다. 선물을 받으면 고맙단 말을 먼저 해야 하는데 나도 모르게 남자친구를 나무랐다. 이렇게 비싼 목도리 필요 없으니 앞으론 사지 말라고. 실제로 따뜻한 부산에 살면 겨울에 목도리 하는 날이 며칠 안 된다.

그래서 그 뒤 생일에는 내가 갖고 싶은 IVV(미국 주식 시장에 상장된 ETF) 1주를 선물로 받았다. 당시 1주 369 달러에 산 IVV는 현재(2024년 6월 기준) 545달러가 되었다. 날이 갈수록 우리 둘이 함께할 미래의 자산이 늘어나고 있다.

직장인이면 적어도 애인 선물로 이 정도는 해줘야 한다는 법 따위 없다. 월급쟁이가 한 달 월급만 한 선물을 애인한테 사주는 건 말도 안 된다. 서로 월급 얼마 받는지 뻔히 알면서, 그거 사려면 자기 사고 싶은 거 안 사고, 먹고 싶은 거 안 먹고, 참고 모아서 사줬을 텐데 그걸 어떻게 받는단 말인가. 연인 관계에서 사달라고 하는 사람도 문제고 사주는 사람도 문제다. 무리하면서까지 애인한테 비싼 선물하지 말자. 아니 그거 받고 좋아하는 사람을 만나지 말자.

만약 애인이 명품을 사달라고 하면 '아, 이 사람이 거지 지옥으로 가는 길에 나까지 끌고 가려고 하는구나.' 하고 과감하게 관계를 정리해라. 애인과의 미래를 그리고 있는 사람이라면 애인에게 명품 사달라, 비싼 선물 사달라 그런 소리 안 한다.

반대의 경우도 마찬가지다. 사달라고 한 적도 없는데 애인이 나에게 분수에도 안 맞는 비싼 선물을 사준다면 필요 없다고 말해라. 비싼 거 받고만 있을 수 있나? 받았으면 나도 그만큼 또 다음에 사 줘야 한다. 즉, 비싼 선물을 서로 계속 주고받는 악순환에 빠진다. 둘이서 나란히 손잡고 거지가 되는 꽃길을 걷는 것이다.

아까운 돈 4. 복권 사는 돈

세상에서 제일 아까운 돈은 복권 사는 돈이다. 나는 살면서 내 돈 주고 직접 복권을 사본 적이 한 번도 없다. 돌아가신 우리 할매, 할배가 꿈에 나와서 번호 7자리를 또렷이 불러주시지 않는 한 앞으로도 복권 살 계획은 없다.

복권 그만 사자. 일주일의 행복? 어차피 안 걸리는데 무슨 행복이냐. 그거 당첨될 팔자였으면 벌써 당첨됐지. 주변에 보면 재미로 사는 거라면서 로또를 매주 사고 있다. 기부 천사도 아니고. 수십 년 복권 살 돈으로 차라리 투자를 하지.

부자인 사람과 가난한 사람 중 어느 쪽이 복권을 많이 살 것 같은가? 가난한 사람이 복권을 더 많이 산다. 미국의 경우 수중에 생활비 400달러도 없는 사람들이 한 달에 400달러의 돈을 복권 사는 데 쓴다고 한다.

당첨 확률 10만분의 1인 복권을 사는 데 매달 돈을 쓰다니. 아깝다. 복권 당첨 확률보다 본인의 노력으로 돈을 얻을 수 있는 확률이 더 높은데 말이다.

절약에 성공하기 위해서는 이렇게 스스로 아깝다고 느끼는 돈이 많아져야 한다. 아까운 돈이 많아져서 진짜 필요한 데만 돈을 쓰고 저축과 투자를 할 줄 아는 부자가 되자.

데이트 비용도
작작 쓰자

"절약을 위해 연애도 포기해야 할까요?"

이제 막 돈을 모으기로 결심한 젊은이들이 많이 하는 고민이다. 새로운 이성과의 만남을 시작해보고 싶지만 돈 걱정에 망설여지거나, 오랜 연인 사이에 갈수록 커져가는 데이트 비용이 부담되는 것이다.

돈과 사랑, 두 마리 토끼를 모두 잡을 수 있는 방법이 있으니 주목하자. 돈 안 쓰고 데이트하기 강자였던 사람으로서 데이트 비용 절약 꿀팁을 몇 가지 얘기해보겠다. 커플통장을 하라는 등의 뻔한 이야기가 아니다. 남녀 반반 부담해야 한다느니 남자가 몇 프로, 여자가 몇 프로 내야 한다느니 하는 그런 논쟁은 데이트 비용을 줄이는 데 아무런 도움이 되지 않는다.

'너의 돈이 내 돈, 내 돈이 너의 돈이다.' 생각하고 둘 다 신경 써서 데이트 비용 파이 자체를 줄이려고 노력해야 한다. "내가 이만큼 썼으니까 다음엔 네가 저만큼 써!" 이렇게 계산적으로 따지다간, 만나면 만날수록 둘 다 돈 펑펑 쓰고 함께 거지가 된다.

만날 때마다 돈 쓰는 데이트를 줄여야 한다. 우선 데이트 장소부터 한번 바꿔보자. 특히 시내 데이트를 자주 하면 비용 줄이기가 힘들다. 시내 번화가에서는 주로 만나서 밥 먹고, 카페 가고, 쇼핑하거나 영화 보고, 또 저녁 먹고, 늦게까지 놀 땐 술도 먹는다. 그럼 하루에 돈 십만 원은 그냥 우습게 쓴다. 그리고 시내에서 만나서 놀면 아무래도 계획에 없던 지출을 하게 된다. 백화점, 쇼핑몰, 뷰티샵, 소품샵 등이 길거리에 즐비하게 보이니 지갑이 열리게 되어 있다.

남편과 연애하던 시절 나는 부산에 살면서도 서면(부산 최대 번화가)에서 데이트 한 적은 거의 없었다(일 년에 한두 번꼴이었다). 돈도 돈이지만, 무엇보다 시내 데이트를 하면 남는 게 별로 없는 기분이었다. 돈을 쓰는 거에 비해 남는 추억이 없다고 해야 할까. 지나고 나서 '그날 우리가 뭐 했지?' 생각하면 특별히 떠오르는 기억이 없었다. 그래서 우리는 다음과 같은 데이트를 즐겨 했다.

돈과 사랑을 모두 잡는 데이트 1. 운동

만나서 함께 운동을 하면 하루 종일 같이 있어도 밥값밖에 안 쓰게 된다. 놀고 나서도 왠지 모를 뿌듯함과 건강해진 느낌이 든다. 예를 들어 자전거를 타기로 한 날에는, 시에서 운영하는 공유 자전거를 1일 천 원에 빌려 좋은 경치 따라 이리저리 40~50km 정도 탔다(낙동강 자전거길 따라 양산 물금역에서 밀양 삼랑진역까지 타고 오곤 했다).

주말에는 등산도 자주 갔다. 산은 입장료가 없다. 하루 종일 놀아도 2만 원 쓰기가 어려웠다. 집에서 물이랑 과일 좀 챙기고 김밥만 사서 올라가면 되니 말이다. 산 위에서는 돈 쓸 일이 없다.

"등산 데이트는 좀 아닌 것 같아요." "땀 뻘뻘 흘리는 꼴을 어떻게 보여요!"라고 말하는 이들도 있다. 어떻게 항상 뽀송뽀송하고 예쁜 상태로만 데이트를 하겠는가. 같이 땀 흘리며 운동하고 맛있는 거 먹으면 얼마나 보람

차고 더 가까워지는데.

배드민턴도 좋다. 우리는 다른 도시로 여행을 가서 시간이 남을 때 광장이나 공원에서 배드민턴을 친 적도 있다. 재밌고 운동도 돼서 저녁 먹기 전 소화시키기 참 좋다. 배드민턴 라켓과 셔틀콕은 무게도 가벼워 부담 없이 챙길 수 있다. 사람들 말소리가 울리는 카페에서 대화하는 것보다 같이 운동하고 앉아 쉬면서 도란도란 이야기할 때 더 진솔한 대화가 오갔다.

돈과 사랑을 모두 잡는 데이트 2. 박물관

야외활동이 어려운 날씨엔 박물관이 제격이다. 박물관 안은 여름에는 시원하고 겨울에는 따뜻하다. 편안한 실내 공간에서 무료로 데이트하고 교양도 쌓을 수 있는 최고의 방법이다.

하루는 울산에서 지인들과 저녁 모임이 있었다. 낮에 둘이 미리 만나 어딜 가볼까 하며 지도를 보다가 울주군 온양읍에 옹기마을이 있는 걸 발견했다. 옹기 공예, 옹기 공방 하는 집들이 옹기종기 모여 있는 한적한 마을인데, 그곳에 옹기박물관이 있었다.

입장료가 무료인데 매우 넓고 쾌적하며 건물 안팎으로 잘 되어 있어 구경할 게 많았다. 정갈한 동네 분위기에 힐링되었다. 박물관에서 나와 살살 걸으니 이번엔 민속박물관이 나왔다. 거기도 관람비가 무료였는데 민속물 볼거리도 많고 아이들 체험 거리도 가득했다.

구경하고 나와서 출출한 배는 '옹기마실'이라는 시골집에서 추어탕과 부추전, 잔치국수로 달랬다(둘이서 배가 터지게 먹고 2만 원이 나왔다). 소화를 시키기 위해 걷다 보니 문화공원과 체육공원이 보였다. 공원에 냉큼 돗자리를 펴고 앉아서 한참을 놀았다.

공원에 가면 기가 막히게 잘 되어 있는 게 있다. 바로 정자다. 시골에 가도 군데군데 목 좋은 곳에 정자나 팔각정이 있다. 우리는 카페를 잘 가지 않았다. 산이고 바다고 어디 놀러 가서 지나가다가 정자나 팔각정이 보이면 바로 돗자리를 펴고 앉았다(차에 돗자리가 항상 실려 있다). 그림 같은 풍경 속에 있는 정자에서 시원한 바람을 맞으며 좋아하는 노래도 듣고, 책도 읽으며 놀았다.

돗자리만 있으면 어디든 뷰 좋은 카페가 될 수 있다. 굳이 자릿값 주고 1인 1음료를 시켜야 하는 카페에 들어

갈 필요가 없다. 이렇게 근교 소도시나 한적한 시골에 가는 걸 선호하다 보니 시내 데이트를 멀리 했을지도 모른다. 하루 종일 시간 보내는 건 똑같지만 시내에서 노는 거보다 훨씬 여유롭고 불필요한 지출도 하지 않았다.

돈과 사랑을 모두 잡는 데이트 3. 도서관

도서관을 가면 하루 종일 무료로 읽고 싶은 책을 마음껏 읽고, 필요한 공부도 할 수 있다는 장점이 있다. 뿐만 아니라 책을 기반으로 한 강좌나 유익한 행사도 신청해 들을 수 있다. 찾아보면 저자 특강, 인문학 수업 같은 강의부터 부모나 어린이를 위한 맞춤 독서 프로그램까지 다양하게 마련되어 있다.

지역마다 시립도서관, 군구립도서관 등 공공도서관이 곳곳에 있는데 항상 가는 사람만 가고, 안 가본 사람들은 생전 안 간다. 주중이고 주말이고 지역 주민들을 위한 교육·문화·여가 프로그램을 다채롭게 운영하지만 몰라서 이용을 안 하는 사람도 많다.

2020년 말 개관한 부산도서관만 봐도 컨벤션센터를 방불케 할 정도로 테마별 공간, 다양한 부대시설이 어마

어마하게 잘 되어 있는데 부산에 살아도 아직 모르는 사람들이 많다. 사실 소도시, 소동네 도서관일수록 사람이 많지 않아서 복잡하지 않고 좋다(지금 이 글도 부산 동래읍성도서관에서 쓰고 있는데, 규모가 크진 않지만 필요한 시설이 모두 갖추어져 있고 운영이 잘 되는 느낌이다. 무엇보다 동래읍성을 끼고 있어 고즈넉한 주변 분위기가 정말 좋다).

남편과 연애할 때 우리는 주말에 만나면 거의 도서관 데이트를 했다. 남편이 한창 자격증 공부를 할 때는 오전에 가서 오후 늦게까지 열심히 각자 할 거 하고, 저녁에 맛난 거 먹으러 가면 그게 그렇게 뿌듯하고 행복했다. 그래서 결혼 후인 지금도 주말이면 도서관에 자주 간다. 앞으로 도서관이 가까운 집으로 이사를 다니자고 약속하며 말이다.

함께할수록 성장하는 관계

이처럼 무료로 데이트를 즐길 수 있는 방법은 많이 있으니, 이제 돈만 쓰는 데이트는 그만하자. 빈둥거리는 데이트도 그만하고 나와서 함께 운동하자. 색다른 시간을 보내면서 데이트 비용도 아껴보자. **소비적인 생활에**

서 건강한 생활로 바꿔보자. 운동 데이트를 하면 끈끈한 정이 쌓이고, 시골 데이트를 하면 다채로운 추억이 쌓이고, 박물관 데이트나 도서관 데이트를 하면 지식이 쌓인다.

무엇보다 이러한 발전적인 관계가 가능하기 위해선 애인을 잘 사귀어야 한다. 사실 데이트 비용을 절약하기 가장 좋은 방법은 나와 경제관념이 맞는 사람을 만나는 것이다. 옳고 그름을 떠나 서로가 잘 통해야 이렇게 비용 상관없이 함께 즐거운 시간(아깝지 않은 돈을 쓰며 아깝지 않은 시간)을 보낼 수 있다.

그런 의미에서 조금 팩폭을 하자면, 현재 애인과 가치관이 도저히 안 맞다 싶으면 초반에 관계를 정리하는 것도 한 방법이다. 서로가 바라보는 방향이 다르면 같이 하기 힘들다. 같이 길을 가려면 함께 한 곳을 바라보고 가야 한다. 나는 여기를 바라보는데 상대방은 반대쪽을 바라보고 있으면, 어떻게 같은 길을 갈 수 있겠는가?

2단계

저축

저축에도 요령이 있다. 종잣돈을 만들 때 꼭 지켜야 할
3가지 마인드와 적은 돈도 야무지게 모을 수 있는
통장 관리 방법을 알려주겠다.

투자보다
저축이 먼저다

앞서 말했듯이 재테크는 '절약-저축-투자'의 반복 과정인데, 절약의 다음 단계인 저축을 건너뛰고 바로 투자로 가려는 사람이 많다. 초보들이 흔히 하는 실수다. 투자는 푼돈으로 하면 안 된다. 목돈으로 해야 한다. 즉, 반드시 투자를 위한 종잣돈(시드머니)을 먼저 만들어야 한다.

투자를 빨리하고 싶다면 종잣돈을 빨리 모으면 된다. 종잣돈을 빨리 모으기 위해 지금 당장 지켜야 할 3가지 법칙이 있다. 내 나름의 경험이 쌓여 만든 원칙으로 오늘부터 이 3가지만 지켜도 저축률이 수직 상승할 거라고 장담한다!

돈을 모으는 기본 원칙 1.

경제관념이 비슷한 사람들과 함께할 것

나와 가치관이 비슷한 사람들과 일상을 함께하는 것이 좋다. 특히 경제관이 비슷해야 한다. 경제관념이 다른 사람이 주변에 있으면 내가 세운 계획이 계속 틀어질 수밖에 없다. 예를 들어 나는 지금 종잣돈을 1년이라도 빨리 모으기 위해 절약하기로 마음을 먹고 검소한 생활을 하고 있는데, 맨날 술을 먹으러 가자고 하는 친구가 옆에 있으면 어떨까? 돈이 잘 모일 리가 없다. 술을 마시면 아무래도 과소비를 하게 된다. 밖에서 밥만 사 먹어도 돈이 나가는데 거기다 술까지 먹으면 돈이 훅훅 나간다. 아무리 아끼려고 해도 구조적으로 안 된다.

이렇듯 주변 환경 세팅부터 단단히 해야 한다. 정말 독하게 돈을 모아보겠다고 다짐했다면 절약이 가능한 환경을 만들어야 한다. 가족이나 배우자는 함부로 바꿀 수 없겠지만 친구나 지인은 어느 정도 관계 조절이 가능하다(아예 절교를 하라는 게 아니라 잠시만 멀어져도 된다는 뜻이다).

내 경우 친구들과 만나거나 여행가서 돈을 쓸 때 소

비 스타일이 잘 맞아서 너무 편하다. 우리는 결제하기 전 "이거 할인되는 거 있는지 알아보자." 하며 아낄 수 있는 건 아끼려고 서로 챙기는 편이다. 이런 걸 유난 떤다고 생각하는 사람들도 있다. "아, 귀찮은데 그냥 결제하자." 하며 돈 아끼는 걸 귀찮아한다든지, "야, 없어 보이게~" 라며 다른 사람의 시선을 의식하는 사람 부류이다. 돈보다 체면이 더 중요한 사람들, 나와 가치관이 안 맞는 그런 친구들은 그냥 안 만나면 된다고 믿고 있다.

돈을 모으는 기본 원칙 2.
보여주기 위해 소비하지 말 것

'나심비'가 아닌 '가성비'를 생각해서 소비해야 한다. 가성비란 가격 대비 성능을 중요시하는 것, 나심비란 나의 심리적 만족을 중요시하는 것이다(내가 지어낸 말이 아니라 MZ세대 소비성향을 다룰 때 사용하는 마케팅 용어다). 쉽게 말해 가격이 얼마든 나만 만족할 수 있다면 쓴다는 거다.

나심비는 주로 보여주기식 소비가 많다. 인스타그램 등에 올려서 주변에 자랑하고 스스로 만족하려는 용도

다. 명심해야 할 점은, 우리가 하는 소비 중 보여주기식 소비만 없애도 지출이 절반 이상 줄어든다는 사실이다. 앞으로는 돈을 쓰기 전에 마음 속으로 생각해보자. 이것이 정말 나에게 꼭 필요한 최소한의 소비인지, 아니면 조금이라도 남들한테 보이기 위한 마음에서 비롯된 소비인지.

당신의 나심비 욕구를 뚝 떨어트려줄 책이 있다. '낯선 곳에서의 아침'이 지은 《아빠가 딸에게 전하는 삶의 지혜》 중 "명품 가방에 기뻐하지 말고 네 머리에 든 지식이 많음을 기뻐해라. 사람들이 우러러보는 것은 네 지식과 교양이지 가방 브랜드가 아니란다."에 보면 이런 구절이 나온다.

"어느 날 우리는 한 모임에 나갔는데 그곳의 여자들이 각자가 가지고 있는 명품이나 장신구들을 자랑하기 시작하더구나. 우리는 멋지다는 말과 함께 잠깐 맞장구를 쳐주었지만 (중략) 우리의 눈에 그들의 사치품들은 돼지 목에 걸린 진주목걸이처럼 보였단다.

(중략) 아빠는 명품 가방을 가진 사람들이 아니라 우리보다 더 많은 지식을 가진 사람들을 우러러본단다. 명

품 가방이야 언제든지 살 수 있는 것이지만 지식을 배우는 데는 시간과 열정이 필요하기 때문이지."

돈을 모으는 기본 원칙 3.

유행이 아니라 나다움에 집중할 것

유행에 관심을 두지 말자. SNS에서 아무리 유행을 강조하고 소비를 조장해도 직업 특성상 필요한 게 아니라면 이를 돌 보듯이 하자(SNS로 돈을 버는 사람만은 예외다). 가장 좋은 건 아예 안 보는 것이다. 나는 아예 보지 않는다. 트렌드에 관심이 없다. 사회적 트렌드에 따라 요즘은 이런 걸 해야 한다는 보이지 않는 압박 같은 것도 느끼지 않는다.

트렌드 그딴 거 모르겠고 그냥 자기만의 색깔로 살자. 유행에 따라 옷을 사는 게 아니라 나만의 스타일에 맞게 옷을 입자. 자신의 체형과 어울리지도 않는 옷을 그저 유행이라고 입고 다니는 건 말이 안 된다. 그럼 평생 유행만 따르며 살 것인가?

혹시 유행에 뒤처지면 큰일 날까 봐 걱정인가? 그런 걱정은 안 해도 된다. 왜냐면, 미국 슈퍼리치들의 공통된

부의 요인 중 하나가 '유행에 무관심'이다. 백만장자들은 장기적인 재산 형성 계획을 가지고 있는데, 모든 생활 습관이 그들이 설정한 목표에 맞춰져 있다고 한다.

그래서 자연스럽게 유행에 무관심하고, 일반인들처럼 플렉스나 소확행에는 의미를 두지 않는다. 그리하여 백만장자 중 97%는 항상 목표 달성에 성공한다고 한다. 그렇다. 다른 쓸데없는 거 신경 안 쓰고 목표에만 집중하면 성공할 수밖에 없다.

저축을 우습게 보지 마라

요약하면 **돈을 모으는 데 있어 당신의 직업이 무엇인지, 당신이 얼마를 버는지는 크게 중요하지 않다. 그보다 당신이 누구를 만나느냐, 당신이 어떤 소비를 하느냐, 당신이 무엇에 관심을 두느냐가 근본적으로 더 중요하다.** 이 3가지도 안 지키면서 돈을 모으겠다는 건 모래 위에 집을 짓는 것이나 다름없다. 돈을 모으는 게 목표라면, 오로지 그 목표에만 집중하도록 하자.

월급을 월급통장에
놀리지 마라

피 같은 월급을 예금통장에 가만히 놔두는 사람들이 있다. 월급을 받고 나서 자동이체로 빠져나가고 남은 돈도 월급통장에 그대로 둔다. 월급통장은 일반 수시입출금 예금통장이다. 이자가 거의 없다. 우리는 주거래 은행이라고 맡겨 두지만, 은행은 이자도 안 주면서 그 돈까지 자기네들 대출하는 데 다 써먹는다.

직장인들이 무심코 방치해놓은 월급만 긁어모아도 꽤 큰 금액이 된다. 예를 들어 규모가 큰 회사, 직원이 최소 천 명 이상 되는 사업장의 월급통장을 뚫으면, 직원들이 월급통장에 상시 쟁여놓고 있는 돈이 한 명당 50만 원만 된다 해도 천 명이면 5억이다. 100만 원이면 10억! 돈을 월급통장에 넣어두면 은행에게 공짜로 돈 빌려주는 격이 되는 것이다.

돈 관리를 현명하게 하려면 '통장 분리'부터 해야 한다. 통장을 어떻게 쪼개냐면, 돈의 용도에 맞게 분리를 하면 된다. 통장 쪼개기를 6개, 7개씩 나눠서 하라는 말도 있는데 그렇게 하면 관리를 위한 관리가 많아지기 때문에 재테크 입문자들에겐 별로 추천하지 않는다.

그냥 간단하게 '월급통장, 용돈통장, 투자통장' 이렇게 3가지로만 나눠도 된다. '수입, 지출, 투자'를 분리시키는 것이다. 나 같은 경우, 월급날 월급이 들어오면 즉시 투자통장으로 전액 이체한다. 그리고 생활비는 필요할 때마다 투자통장에서 용돈통장으로 10만 원, 20만 원씩 이체해서 쓴다. 용돈통장과 연결된 체크카드가 있고, 신용카드는 사용하지 않는다. 관리비, 통신비 등 매달 나가는 고정비도 투자통장에서 자동이체 되도록 해뒀다.

하루만 넣어놔도 이자가 붙는 통장

투자통장을 풀어 말하면 '투자 대기 통장'이다. 각종 금융 상품이나 부동산 등에 투자할 대기금을 보관하는 통장. 그 통장에 돈을 대기시키는 와중에도 이자를 붙일 수 있는 방법이 있다. 바로 '파킹통장'을 사용하는 것이다. 나는 파킹통장을 투자통장으로 사용한다.

파킹통장은 월급통장처럼 돈을 수시로 넣었다 뺐다 할 수 있지만 하루 단위로 이자를 계산해서 주고, 일반 예금보다 높은 이자를 주는 통장이다. 파킹통장이라는 이름이 원래 정식 명칭은 아니었는데, 사람들이 여윳돈이나 투자금을 잠깐 '파킹'해놓는 용도로 많이 써서 그렇게 불리게 됐다. 돈을 잠시도 놀리지 않는 것이다.

적금 만기가 되어서 예금통장에 목돈이 입금되었는데, 몇천만 원이나 되는 그 돈을 당장 어디에 투자할 건 아니지만 그냥 묵혀두기엔 아깝고 조금이라도 굴리고 싶을 때. 그럴 때 파킹통장에 넣어두면 하루만 맡겨도 이자를 벌 수 있다.

그렇다고 우리가 수십 억을 넣어두는 게 아니기에 이자가 어마어마하게 크지는 않지만, 몇만 원씩 들어오는 그 이자가 얼마나 쏠쏠한지 모른다. 어떤 이는 이것을 푼돈이라고 우습게 볼 수도 있을 것이다. 하지만 내가 현재 사용 중인 파킹통장만 해도 금리가 연 3.2%인데, 월급통장 금리(연 0.1%)에 비하면 32배다.

매달 들어오는 이자가 반가워서 가계부 부수입 칸에 '이자 수입'으로 적는다. 다음 달엔 또 얼마가 들어올지 기대되기도 한다. 그러다 보니 파킹통장에 있는 돈을 더 키우고 싶어진다. 용돈통장으로 돈을 빼 쓸 때마다 아깝게 느껴지고, 나도 모르게 지출을 참게 된다. 그렇게 점점 돈 모으는 데 재미를 붙이게 되는 것이다. 돈 모으는 맛에 빠지고 싶으면 당장 여윳돈, 비상금, 투자 대기금을 월급통장에 놀리지 말고 파킹통장으로 옮겨라!

목돈을 단기간 보관해야 한다면

목돈이 있는데 아직 투자 계획을 정하지 못했다면, 혹은 목돈을 사용할 시점이 몇 개월 뒤라서 시간이 붕 뜬다면 '단기 예금' 상품이 제격이다. 단기간 보관하고 이자 혜택을 볼 수 있다. 정기 예금은 보통 만기가 최소 12개월이나 24개월일 거라고 생각할 것이다. 하지만 요즘은 1개월 단위로 이자를 받으면서 목돈을 굴릴 수 있는 '초단기 예금' 상품도 있다. 3개월, 6개월 등 내가 원하는 기간을 정해 가입할 수 있도록 되어 있다.

수시입출금이 가능해 언제든지 돈을 빼 쓸 수 있는

파킹통장과 달리, 정기 예금은 (물론 급할 때 금리 손실을 감수하고 뺄 수는 있지만) 원칙적으로 수시입출금이 안 된다. 대신, 파킹통장은 수시로 변동하는 금리를 적용해 금리가 내려가면 바로 반영이 되지만, 정기 예금은 계약 기간이 끝나는 만기까지는 무조건 최초 약정한 금리를 적용해 이자를 받는다. 그래서 장기간 예치는 불가능하지만 한두 달 사이에는 확실히 뺄 일이 없는 자금을 넣으면 된다.

3단계

투자

투자로 돈을 불리는 것을 두려워하지 마라.
그렇다고 성급해하지도 마라. '한 방의 수익'보다는
'평생의 자산' 만들기에 집중해라.

나는 연금계좌에서
ETF 쇼핑한다

"좋은 말로 할 때 다들 신분증 가져와 봐!"

친구들이 개인연금을 망설일 때 내가 뱉은 말이다. 다 같이 펜션에 놀러 가서 한창 저녁을 해먹을 무렵, 연말정산 때 각자 얼마씩 뱉어냈다는 이야기를 나누다 나를 제외한 친구 4명 모두 연금저축을 안 하고 있다는 걸 알게 됐다.

난데없는 나의 발언에도 친구들은 고맙게도 모두 동조의 웃음을 지으며 지갑에서 신분증을 꺼냈다. 우리는 식사하다 말고 뜬금없지만 마룻바닥에 둘러앉아 증권사 어플을 깔고 비대면 계좌 개설을 시작했다. 그렇게 나의 진두지휘하에 계좌 개설부터 상품 매수법 전수까지 마쳤고, 친구들은 이제 연말정산 때 세금을 환급받는 대열에

합류했다.

나는 그 경험을 계기로 아직도 많은 직장인들이 연금 저축 세액공제 혜택을 모르고 있다는 걸 깨닫고, 친구들에게 설명해주듯이 '연금저축펀드 계좌개설 쉽게 따라하기'라는 제목으로 영상을 제작하여 유튜브 채널에 올렸다. 조회수가 48만 회에 달하는 걸 보니 연금저축을 어떻게 시작해야 할지 막막한 분들에게 조금이라도 도움이 되었겠지 싶어 뿌듯하다.

재테크의 시작은 절세! 연말정산 잘하기

연말정산은 눈 깜짝하면 다가오는 직장인 연례행사다. 근로자들은 사업자와 달리 근로소득에 대한 세금(소득세)을 직접 신고하지 않고 매달 월급에서 자동으로 징수('원천징수'라고 한다) 당하기 때문에, 1년이 지나고 나면 국세청이랑 정산을 한다. 임의로 떼 갔던 세금이 해당 과세연도에 자신이 했던 지출, 소득 등과 비교했을 때 실제로 내야 할 세금보다 많이 냈는지 적게 냈는지 따져서 돌려받거나 뱉어내는 것이다.

우리가 세금을 줄일 수 있는 방법, 즉 연말정산 환

급액을 늘릴 수 있는 가장 쉬운 방법은 바로 연금계좌를 이용해서 세액공제를 받는 것이다. 그래서 연금저축, IRP(개인형퇴직연금)는 세테크를 하는 직장인들의 기본 테크트리로 통한다. 12월이 되면 다들 부랴부랴 연금 납

연금저축 & IRP 세액공제 한도		
총급여 (종합소득)	5,500만 원 이하 (4,500만 원 이하)	5,500만 원 초과 (4,500만 원 초과)
세액공제 한도	연금저축 **600만 원** / IRP **900만 원** (연금저축+IRP 조합해서 900만 원까지) ┌ IRP **900만 원** ┐ 연금저축 **600만 원**	
세액공제율 (지방소득세 포함)	16.5%	13.2%
환급 세액 (900만 원 납입 시)	1,485,000원	1,188,000원

입하기 바쁘다. 13월의 월급을 위해서.

2023년부터 연금저축과 IRP의 세액공제 한도가 확대되었다. 원래 50세 미만은 700만 원까지밖에 안 되고 50세 이상만 900만 원까지 해줬는데, 이젠 나이와 소득에 관계없이 누구나 최대 900만 원까지 세액공제를 받을 수 있게 됐다(연금저축과 IRP를 조합하여 총 900만 원까지 납입한 금액에 대해서 세액공제를 해준다). 연봉 5,500만 원 이하는 16.5%, 이상은 13.2%를 납입액에 곱한 만큼 돌려받는다. 그래서 최대로 납입했을 때 소득에 따라 148만 5천 원 또는 118만 8천 원을 돌려받을 수 있다.

내가 가진 최고의 무기, 연금 ETF

연금저축은 세테크임과 동시에 2030 세대가 가장 쉽게 시작할 수 있는 노테크 방법이다. 매년 세금 환급을 받으면서 나도 모르게 노후 자산이 차곡차곡 쌓이니 말이다. 연금계좌 내에서는 예금, 채권, 펀드 등 다양한 상품을 살 수가 있는데, 내가 제일 추천하는 것은 단연 '연금 ETF'다(연금계좌 내에서 매수하는 ETF를 말한다).

ETF란 '상장 지수 펀드'를 뜻하는 'Exchange

Traded Fund'의 약자로, 특정 '지수'를 따라 주가가 오르내리는 상품을 말한다. 대표적인 예로 미국 증시를 대표하는 'S&P500'이라는 지수가 있다. S&P^{Standard and Poors}라는 국제 신용평가 기관이 선정한 500개 우량주의 시가총액으로 뽑은 지수다. 그래서 이 S&P500 지수를 따르는 ETF를 사면, 미국 시장에서 잘 나가는 500개 기업들에 투자하는 게 된다.

쉽게 생각하면 일종의 '묶음 상품'이다. 애플 주식도 사고 싶고, 엔비디아 주식도 사고 싶고, 구글 주식도 사고 싶고, 아마존, 메타, 테슬라 등 개별 종목을 다 사고 싶지만 여건이 안 되는 사람들을 위해서, 여러 종목을 조금(%)씩 모아서 '1주'로 살 수 있게 상장해놓은 상품이라고 보면 된다.

예로 든 미국 S&P500 ETF는 국내 연금계좌에서 운용할 수 있도록 국내 증권시장에도 상장되어 있고, 시중 증권사 모든 곳에서 매수가 가능하다. 시장지수는 장기적으로 우상향하기 때문에, 연금계좌 내에서 ETF만 부지런히 사모아도 돈 걱정 없는 노후를 맞이할 수 있을 것이다(미국 ETF에 대한 내용은 뒤에서 좀 더 자세히 이야기하도록 하겠다).

퇴직연금 방치하지 마세요, 제발

직장인들에겐 퇴직연금도 강력한 노테크 수단이다. 같은 회사에서 같은 기간 동안 근무한 입사 동기끼리도, 퇴직할 때 퇴직금이 억 단위로 차이가 나는데 그 이유가 무엇인지 아는가?

바로 그동안 퇴직연금을 어떻게 관리했느냐의 차이다. 자신의 퇴직금이 어디에 어떻게 쌓이고 있는지 모르는 직장인들이 많다. 심지어 퇴직연금이 정확히 뭔지도 모르고 있는 사람도 있다. 아니 어떻게 회사를 다니면서 퇴직금에 그렇게들 관심이 없을까.

먼저 퇴직연금제도에 대한 이해가 필요하다. 옛날엔 무조건 퇴직금이라고 불렸지만 요즘엔 퇴직연금이라고 하는 이유는 퇴직금을 '일시금'으로 받을 수도 있고 '연금'으로 받을 수도 있기 때문이다. 그래서 통틀어서 퇴직연금이라고 한다. 직장인들은 1년을 일하면 한 달 치 월급이 매년 퇴직금으로 쌓인다. 직장생활을 오래 한 사람, 특히 정년 퇴직자 같은 경우에는 퇴직금 액수가 크기 때문에 개인에게 가장 중요한 노후자금이 될 수 있다.

퇴직금을 무조건 일시금으로 한 방에 받던 시절엔, 평생 월급만 받던 직장인이 난생처음 생긴 목돈에 정신을 못 차리고 이것저것 잘못해서 홀라당 날려먹는 일이 허다했다. 그래서 국가 입장에서 바라볼 때 이러면 국민들 노후대책 없겠다 싶으니까 퇴직연금제도를 도입해서 만 55세 이후 연금수령을 신청하면 원하는 금액으로 나눠 받을 수 있게 했다. 일시금으로 받을 수도 있지만 연금으로 받는 걸 선택한 사람에게는 퇴직 소득세를 30~40%나 감면해줘서 연금으로 수령하도록 유도한다.

퇴직연금은 운용 방법에 따라 DB와 DC로 나뉜다. 퇴직연금을 도입한 회사에 다니고 있다면 자신의 퇴직연금이 어디에 속하는지 알고 있어야 하고, 회사가 둘 중하나를 선택할 수 있도록 해준다면 어떤 게 이득일지 판단해서 자신에게 유리한 걸 선택해야 한다.

DB든 DC든 돈은 금융기관이 가지고 있다. 회사가 관리하는 게 아니라 은행, 보험사, 증권사와 같은 금융사에서 운용한다. 다만 그 운용 지시를 회사가 하면 DB, 근로자가 하면 DC다.

예를 들어 보겠다. "할미투자증권이라는 금융사에 김 과장의 퇴직금을 A상품에 넣어서 운용해주세요~"라고 회사가 지시를 하면 DB, 김 과장이 직접 투자를 하면 DC다. 즉 DB는 투자 주체가 회사고 DC는 투자 주체가 근로자인 셈이다. 따라서 DB는 운용 책임을 회사가 지니까 손해가 나더라도 회사가 부담하되 근로자에게는 정해진 퇴직금을 주게 되어 있다(퇴직 직전 3개월 평균 임금을 기준으로 산정한다).

반면 DC는 운용 수익에 대한 책임을 근로자가 지기 때문에 운용을 어떻게 하느냐에 따라 퇴직금 액면가가 달라진다. 이렇게 DB는 급여처럼 안전하게 확정된 퇴직금을 받는다 해서 '확정급여형'이라고 하고, DC는 본인이 기여한 만큼, 자신의 운용 실력에 따라 받기에 '확정기여형'이라고 한다. 보통 임금인상률이 투자수익률보다 높을 것으로 판단되면 DB, 투자수익을 더 잘 낼 자신이 있으면 DC로 하는 게 유리하다.

내 경우 입사 7년 차에 접어들 당시 연봉인상률이 더 이상 오르지 않은 것을 확인하고 금리가 오를 때 (주가가 하락하는 시점에) 퇴직연금을 과감히 DC로 전환했다.

DC계좌에서도 연금저축에서와 마찬가지로 ETF를 모아가고 있다. 나는 오늘도 네이버에서 물건을 주문하는 대신 증권사에서 연금 ETF 쇼핑을 한다.

한눈에 보는 연금

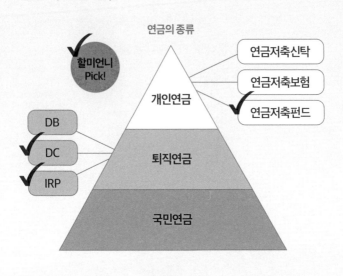

연금의 종류

할미언니 Pick!

연금저축신탁

연금저축보험

✔ 연금저축펀드

개인연금

DB

✔ DC

✔ IRP

퇴직연금

국민연금

연금 재테크 순서

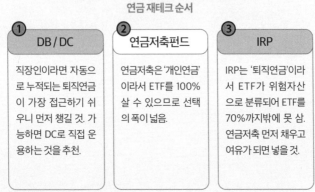

① DB / DC

직장인이라면 자동으로 누적되는 퇴직연금이 가장 접근하기 쉬우니 먼저 챙길 것. 가능하면 DC로 직접 운용하는 것을 추천.

② 연금저축펀드

연금저축은 '개인연금'이라서 ETF를 100% 살 수 있으므로 선택의 폭이 넓음.

③ IRP

IRP는 '퇴직연금'이라서 ETF가 위험자산으로 분류되어 ETF를 70%까지밖에 못 삼. 연금저축 먼저 채우고 여유가 되면 넣을 것.

※ 단, 세액공제를 위해 연금저축 납입금액 연 600만 원 초과 시 추가 300만 원은 IRP 납입할 것. 연 900만 원까지 세액공제 됨.

종류			알아야 할 점
국민연금			• 직장인은 의무가입 (회사/직원 반반 부담) • 월급에서 알아서 떼 가니까 신경 쓸 거 없음
퇴직연금	월급에서 자동 적립	DB (확정급여형)	• 회사가 운용 • 퇴직할 때 회사가 주는 대로 받음 • 퇴사 직전 3개월 평균 월급 × 근속 연수 = 퇴직금으로 수령
		DC (확정기여형)	• 본인이 운용 • 퇴직할 때 본인이 굴린 만큼 받음 • 회사에서 년/분기별 퇴직금을 정산해서 내 DC계좌로 넣어줌
	개인이 따로 준비하는 연금	IRP (개인형퇴직연금)	• 소득이 있는 누구나 가입 가능 • 은행, 증권사 등에서 만들 수 있는데 증권사에서 ETF 운용 추천
개인연금	개인이 따로 준비하는 연금	연금저축신탁	• 은행에서 가입
		연금저축보험	• 보험사에서 가입
		연금저축펀드	• 증권사에서 가입 - 준비물: 휴대폰, 신분증 - 증권 앱 깔고 연금 계좌 개설→ 계좌에 입금→ ETF 매수하면 끝 • 입금 금액 자유, 상품 매매 자유, 중도해지X, 여윳돈으로 하기 • ETF 상품명 예시 - TIGER 미국S&P500, KODEX 미국나스닥100(H), ACE 미국 배당다우존스

※ 금융감독원 '통합연금포털'에서 [내 연금 조회] 들어가면 내 연금 현황 다 볼 수 있음!

나랑 해외 '주식'
직구 할래?

전 세계 주식 시장에서 우리나라가 차지하고 있는 비율이 얼마나 되는지 아는가? '우리나라에 글로벌 기업 삼성도 있는데 최소 5%는 되겠지?'라고 생각할지 모르겠다. 2024년 기준, 글로벌 주식 시장에서 한국이 차지하는 비율은 1.3%다. 대만(1.6%)보다 낮다. 그럼 어느 나라가 가장 많은 비율을 차지하고 있을까? 단연 미국이다. 미국이 전 세계 주식시장의 58%를 차지하고 있다.

그렇다면 우리나라 1위 기업인 삼성은 세계에서 몇 위 정도일까? 2024년 7월 기준 삼성전자의 시가 총액은 세계 21위를 기록하고 있다. 그런데 세계 10위 안에 드는 기업들을 가만히 보면, 8개가 미국 기업이다. 10개 중 2개를 제외하고는 전부 미국이라는 소리다. 이걸 알고도

미국 주식을 안 하고 우물 안 주식(한국 주식)에만 목을 매겠다고 한다면, 개구리한테는 더 이상 할 말이 없다.

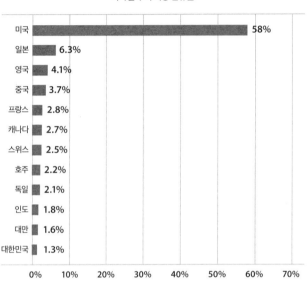

국가별 주식 시장 점유율

미국	58%
일본	6.3%
영국	4.1%
중국	3.7%
프랑스	2.8%
캐나다	2.7%
스위스	2.5%
호주	2.2%
독일	2.1%
인도	1.8%
대만	1.6%
대한민국	1.3%

방구석 미국 주식 투자

"한국 주식도 잘 모르는데 미국 주식을 해도 될까요?"

"영어를 못해서 미국 회사는 고르기 힘들 것 같아요."

"미국 주식은 어떻게 살 수 있나요?"

요즘 세상이 참 좋아져서 이런 고민을 할 필요가 없다. 휴대폰만 있으면 방구석에 앉아서도 미국 주식을 살 수 있다. 미국이랑 한국이랑 장 운영 시간만 다를 뿐 주식 1주 매수하는 건 똑같다. 1주는 무슨, 잘하면 미국 시장 전체를 내 손바닥 안에 담을 수도 있다. 미국 회사를 고를 필요도 없다. 미국 회사 총합 묶음 상품인 'ETF'를 사면 된다. 연금 계좌 내에서 국내 상장 ETF를 살 수도 있지만, 미국 시장에 상장된 ETF를 직접 사도 된다(이것을 미국 '직투'라고 한다). ETF를 쿠팡에서 주문하냐 아마존에서 주문하냐 그 차이다.

주식 초보들에게는 미국 ETF가 장땡이다. 주가의 오르내림으로부터 자유로울 수 있기 때문이다. 투자의 귀재 워런 버핏 할아버지가 10억을 걸고 유명한 헤지펀드 매니저와 내기를 했다.

"그렇게 수익률에 자신이 있으면 열심히 종목 잘 골라서 10년 동안 투자해봐라. 나는 그냥 S&P500 지수를 추종하는 인덱스 펀드^{ETF}에 투자하겠다."

10년 뒤 결과는? 워런 버핏의 완승이었다. 실컷 개별 종목 이것저것 사고 판 펀드 매니저의 수익률보다, 주가 지수에 포함된 종목 전체 수익률 평균으로 결정되는 인 덱스 펀드의 수익률이 더 높았던 것이다. 워런 버핏이 남 긴 말이 있다.

"개인 투자자들에게 가장 합리적인 투자수단은 저비 용 인덱스 펀드에 꾸준히 투자하는 것이다. 투자수익을 늘리는 비결은 좋은 회사를 고르는 데 있는 게 아니라 인 덱스 펀드를 계속해서 구입해서 종합지수에 포함된 모든 기업들에 투자하는 데 있다."

지속적으로 시장을 이기는 종목을 고르는 건 대다수 의 전문가들도 못하는 일이다. 세계 3대 신용평가사인 S&P에서 펀드매니저들이 운용하는 펀드 대비 시장지 수를 추종하는 인덱스 펀드의 승률을 매년 분석하는데, 그 통계에 따르면 인덱스 펀드에 올인하고 5년간 가만히 기다리기만 해도 78%의 시중 펀드를 이길 수 있다고 한 다. 뛰어봤자 인덱스 펀드 손바닥 안이라는 거다.

우리가 어떤 개별주에 투자를 하면, 오르면 오르는 대로 가격이 부담돼서 안 사지고, 내리면 내리는 대로 어 디까지 떨어질지 몰라서 못 사고, 그렇게 맨날 주식차트를 째려만 보다가 끝난다. 추가 매수를 계속해야 투자금이 쌓이는 법인데, 돈은 안 모이고 정신 소모만 한다. 하지만 ETF는 오르나 내리나 상관없이 마음 놓고 돈을 넣을 수 있다. 내가 미국 ETF에 투자하는 이유는 딱 4가지다.

1. 소액으로도 여러 우량주에 자동으로 분산 투자가 가능하다.
2. 역사적으로 시장지수는 우상향해 왔다.
3. 운용 보수료가 저렴하다.
4. 보수료가 낮은 반면 배당률이 높다.

흔히 투자 성공의 4가지 법칙이라고 하는 '간접투자, 분산투자, 장기투자, 저비용투자' 이 모두를 한 방에 해결해주는 게 바로 미국 ETF다.

고점인 것 같은데 지금 사도 괜찮을까?

최근 미국 증시가 연일 최고점을 갱신하면서 서학 개미들의 고민이 쌓여가고 있다. 지금이라도 들어가야 할지 말아야 할지. 주식 차트를 보며 눈치 싸움을 하고 있다. 아서라. 어차피 미래 시점에 보면 지금은 고점이 아니다. 고점이라는 건 현재까지를 기준으로 고점이라는 거지, 장기적으로 보면 고점은 계속해서 갱신된다.

'샀다가 떨어지면 어떡하지?' 이런 걱정을 하면 평생 못 산다. 사고 난 뒤에 언제든지 떨어질 수 있다고 생각해라. 떨어지는 날도 있고 오르는 날도 있을 것이다. 떨어지는 게 두렵다면, 기간을 더욱더 길게 가져가라. 길게 보면 오늘이 제일 싸다.

진짜 무서운 게 뭔지 아는가? 현금 쥐고 경기장 밖에서 구경만 하는 것이다. 재테크에서 가장 큰 위험 요소는 주식 폭락이 아니라, 아예 주식 시장에 참여하지 않는 것이다. 아직도 경기장 밖에서 얼쩡거리고만 있는 사람들은 그게 더 안전하다고 판단할지 모르겠지만, 장기투자 성공의 기본 수칙은 최대한 '빨리' 시장에 참여해서 '오래' 그 자리를 지키는 것이다. 《모든 주식을 소유하라》로 유명한 인덱스 펀드의 창시자 존 보글도 말했다. "아무것도 하지 말고 그냥 거기에 있기만 하면 됩니다."

위기에 빛을 발하는 안전 자산, 달러

미국 주식은 달러로 매수하기 때문에, 미국 주식에 투자하면 달러에 투자하는 효과도 있다(미국 주식은 달러 자산이다). 해외 여행갈 때 환전을 한 번이라도 해본 사람은 느꼈을 것이다. 우리는 해외를 나갈 때마다 환전을 해야 하지만, 미국인들은 자기 나라의 돈을 들고 전 세계를 다닌다. 미 달러USD가 세계 기축통화이기 때문이다. 기축통화는 국제간 결제나 금융거래의 중심이 되는 통화다. 한마디로 국제 거래에서는 뭐든지 달러로 사고, 달러로 판다는 뜻이다.

달러는 우리가 가장 손쉽게 살 수 있는 안전 자산이다. 국제적으로 금융위기가 오면 달러의 가격이 치솟는다. 원·달러 환율의 역사를 보면 1997년도 IMF 때 1,965원, 2008년 세계 금융위기 때 1,573원까지 올랐었다. 기축통화의 힘이다. 경제 위기 시 기축통화가 아닌 화폐들은 휴지 조각이 될 수도 있음을 알아야 한다.

달러도 주식처럼 가격이 오르락내리락한다. 그런데 내리더라도 아예 바닥으로 떨어지는 일은 없다. 그래서 달러 자체를 하나의 주식이라고 생각하면, 엄청난 우량

주인데 절대 망하지 않는 우량주라고 할 수 있다. "미국이 망할 수도 있잖아요!"라고 하면 할 말 없지만, 지금으로선 미국이 망하면 한국은 벌써 망하고 없다.

달러 투자라 하면 환율이 낮을 때 샀다가 환율이 오르면 다시 팔아서 환차익을 얻는 걸 생각하기 쉽다. 하지만 그렇게 샀다 팔았다 하는 건 달러 투자가 아니다. 진정한 달러 투자란, 달러를 계속 사 모으는 것이다. 게다가 이 달러를 미국 주식으로 불리면 일거양득인 셈이다.

'미국 주식을 모아가라'고 하면 다들 어렵게 생각하는데, 간단하다. 당신이 앞으로 할 일이라고는 한 달에 한 번 월급이 들어올 때 미국 ETF를 사는 것뿐이다. 이보다 쉽게 안전 자산을 모으며 수익을 낼 수 있는 방법은 없다. 지금 이 순간부터 여력이 되는 만큼 틈틈이 넣는 것만으로도 당신의 미래가 달라질 것이다. 그냥 1주씩 사면된다. 적금 넣듯이 넣어라. '주식을 산다'는 생각보다 '주식을 적립한다' '주수를 모아간다' 생각하고 넣어야 한다.

성공적인 투자를 위한
나만의 원칙

우리가 돈으로 하는 활동은 크게 4가지가 있다.

1번은 근로소득 또는 사업소득을 버는 활동이고, 2번은 소비 활동, 3번은 재테크 및 투자, 4번은 기부 활동이다. 이 중 몇 번이 가장 중요하다고 할 수 있을까? 내가 제일 중요하다고 보는 것은 바로 1번, 돈을 버는 활동이다. 물론 네 가지 다 중요하다. 하지만 1번이 없으면 나머지 2, 3, 4번이 있을 수 있을까?

투자에 있어 가장 기본은 본업에 충실하는 것이다. 그런데 요즘 보면 기본은 제쳐두고 너무 3번에만 빠져있는 경우가 많다. 어쩌다 운이 맞아서 주식이나 부동산으로 큰돈을 벌면 직장인의 경우 월급 몇백만 원이 하찮고 우스워진다.

가만히 앉아서 몇 천만 원 혹은 몇 억을 벌었는데 쌔빠지게(경상도 사투리로 '혀가 빠질 정도로 힘들게'를 의미한다) 일해서 뭐 하겠어 하며 오만한 생각으로 자신의 직업 가치를 낮게 평가하기 쉽다. 하지만 나의 경우 주식이나 부동산으로 수익을 얻더라도 그것에 대해 크게 의미를 부여하거나 일희일비하지 않는다. 왜냐면 어쨌거나 그 돈보다는 매달 들어오는 월급, 내 노동소득이 훨씬 더 값지고 소중하기 때문이다.

내 일을 열심히 해내는 것부터 시작하자

나만의 투자원칙은 '어떠한 일이 있어도 본업에 충실하자.'이다. 본업에 충실하고, 투자는 취미생활로 하자. 본업이라는 건 사람마다, 시기마다 다르다. 학생이라면

학업에 충실해야 하고, 성인이라면 자신의 업(직업 또는 사업)에 충실해야 한다. 그런데 이것도 제대로 안 하면서 인생을 한 방에 바꿔보겠다고 투자에 집중한다? 인생 그렇게 쉽게 바뀌지 않는다.

우선 자신이 하는 일을 전문성 있게 잘 하는 게 더 중요하다. 회사에서는 일 잘하는 사람이 인정받고 승진도 빨리한다. 반대로 투자에 빠져서 일을 소홀히 한 사람은 결국 뒤처진다(아마 일 잘하는 사람이 투자도 잘 할 것이다. 자신의 에너지를 적재적소에 쓰는 법을 아는 사람이니까).

각자의 시기에 각자의 위치에서 본인이 해야 할 일을 뒷전으로 두고 있진 않은가? 빨리 큰돈을 벌고 싶은 마음이 앞서 투자에 너무 많은 시간과 에너지를 쏟고 있는 건 아닌지 되돌아보자. 20~30대에는 몸값을 올리는 게 최고의 재테크다. 그때는 사실 주식 투자보다는 자기계발이나 전문성을 기르는 데 힘써서 소득을 올리는 게 더 좋은 투자다. 공짜로 불로소득을 올리려는 욕심 대신 자신의 가치를 높이는 데 몰두해야 한다. 초기 투자를 위한 종잣돈, 시드머니는 결국 노동소득으로 만들어진다. 그렇기에 노동소득을 탄탄하게 갖추고 그것을 키우기 위한 노력이 중요하다.

속도보다 안정성이 우선이다

특히 사회 초년생들에게 꼭 해주고 싶은 말이 있다. 본인이 아직 취업 전이거나 취업을 했어도 스스로 생각했을 때 비전이 없고 불안정한 직장에 다니고 있다면, 안정적인 직장 또는 본인의 직업을 찾는 게 최우선 과제다.

불안정한 상태에서는 편안한 투자 활동이 힘들다. 투자할 땐 절대 조급하면 안 되는데, 자신의 상황이 불안정하면 자꾸 조급해지고 자꾸 욕심을 부리게 된다. 그러다 무리한 투자를 해서 돈을 잃는 경우를 많이 봤다. 기초 공사가 안 된 도로 위를 달려선 안 된다. 아직 업에서 안정을 찾지 못했다면 그걸 이루기 위한 노력에 온 정신을 쏟자. 지금은 돈보다 그게 더 중요하다.

하루라도 빨리 경제적 자유를 이루고 싶어 하는 젊은 이들이 많은데, 잘 알겠지만 경제적 자유는 하루아침에 '짠—'하고 이뤄지는 게 아니다. 엄청난 노력과 고통의 결과로 이뤄진다. 오래 걸리더라도 괜찮다. 다른 사람들과 비교하지 말자. 자신의 페이스대로 착실히 준비해나가고 공부해나가자. 고통스럽지만 그 과정에 성장하며 부자가 되는 길로 한 걸음씩 나아갈 것이다.

주식 차트 계속 들여다본다고 안 오른다

내가 부동산 공부를 시작한 계기는 '시간이 남아서'였다. 퇴근하고 기숙사에 오면 잠들기 전까지 6시간 정도가 있었는데, TV나 OTT를 안 보기 때문에 아무리 책을 읽고 이것저것 해도 시간이 남았다. 그래서 그냥 내가 돈을 버니까 내가 번 돈 불리는 공부를 해볼까 싶어서 여러 가지 방법을 찾았고, 그러던 와중에 부동산 공부도 하게 되었다.

남는 시간에 하는 공부기 때문에 지나치게 매달리지도 않고 본업에 방해가 될 정도로 하지도 않았다. 그런데 요즘 직장인들은 회사 와서도 주식 쳐다보느라 아침 9시만 되면 화장실 칸이 다 차고, 모니터 화면 한구석에 주식창을 띄워놓고 일한다고 한다.

본인들은 인정하지 않겠지만 회사에서 머릿속으로 딴 생각을 하면 반드시 업무에 집중이 안 되게 되어 있다. 그건 다른 사람들 눈에도 보인다. 상사가 바보가 아니다. 다 보고 있다. 적어도 회사에서는 회사 일에 집중하고, 본인의 일을 제대로 문제없이 잘 처리하도록 해야 한다. 일에 집중하지 않고 계속 주식차트만 처다보고 있을 거면 차라리 증권사로 이직을 하자.

무엇보다 계속 처다본다는 것은 자신이 한 투자에 믿음이 없다는 거다. 주식이든 부동산이든 본인이 어디에 투자를 했는데 계속 신경이 쓰인다? 그건 스스로의 확신 없이 남들 다 사니까 따라 샀거나 다른 누군가의 말만 듣고 투자를 했기 때문이다. 자신이 공부해서 믿고 선택한 종목 또는 물건에 투자를 했으면 왜 못 믿고 걱정하면서 계속 들여다보겠는가.

스스로 판단해서 내린 결정으로 한 투자는 믿음이 있기 때문에 걱정이 안 된다. 투자하고 가만히 놔두게 되어 있다. 그렇게 본업에 집중할 수 있다. 내 경우 주식 자산의 대부분을 미국 ETF에 투자하고 있는데, 미국 주식에 투자하면 좋은 점이 있다. 장 운영시간이 일과 시간과 겹치지 않아서 일상에 전혀 지장을 주지 않는다(미국 거래시간: 정규장 23:30~익일 06:00, 서머타임 22:30~익일 05:00).

한국시간으로 밤늦은 시간부터 다음 날 새벽까지로 장 운영 시간에 깨어있을 수 없으니 전일 종가 고려해서 적정한 가격에 매수를 걸어놓고 잠든다. 또한, 항상 매수만 하기 때문에 사고 나면 끝이다. 장기로 모아가기 위해 매도는 안 하고 매수만 하기 때문에 사고 나면 쳐다볼 일이 없다. 그래서 오르락내리락하는 주가 그래프를 계속 들여다보는 시간이 거의 없다. 심리적 에너지 소모가 없어 투자를 하더라도 마음이 항상 평온한 상태에 있다. 안정적으로 장기투자를 할 수 있는 이유다.

본업에 충실할 때 투자의 기회는 찾아온다

우리는 투자를 1, 2년 하고 말 게 아니다. 앞으로 평생 동안 투자를 해야 한다. 그러기 위해선 '건강한 투자'가 필수다. 본업에까지 지장을 주면서 시간낭비, 감정낭비를 하면 정신이 피폐해져서 어떻게 장기전에서 살아남을 수 있겠는가. 지금 혹시 본업을 뒷전으로 미루면서까지 투자에 너무 열중하고 있다면, 잠시 내려놓자. 본업을 다시 돌아보고 이게 자신의 삶을 지탱해주는 것임을 잊지 말자. 노동소득으로 기본적인 캐시플로우가 깔려줘야 투자를 즐길 수 있고, 나중에 예상치 못한 어려운 상황에 닥치더라도 견딜 수 있는 힘이 생긴다.

이번 생엔 내 집 마련 글렀다고?
정신 채리라!

"젊을 때 써야지, 나이 들어서 쓸 거니? 어차피 그 돈 모아봤자 집 못 사~"

주변에 이렇게 말하는 사람 조심해라. 사회 초년생 때 인생 자포자기에 빠진 사람들이랑 까딱 어울리면 잘못된 소비 습관만 생긴다. 수준 맞출 거라고 같이 오마카세 다니고, 골프 치고, 명품 가방 사기 시작하면 5년 뒤에 진짜 골 때리는 상황 온다. 본인은 여전히 원룸에 월세 살면서 카드 할부에 허덕이고 있는데 다른 친구들은 자가 마련해서 번듯하게 살고 있을 것이다.

"그 친구들은 잘 벌어서 그렇지, 저는 연봉이 낮아서 어차피 일 년에 얼마 못 모아요."

이런 소리 하지 마라. 그러면서 지출은 대기업 다니는 애들보다 더 많이 하고 사냐. 연봉이 낮으면 그만큼 저축률을 높여야 하는데 실상은 반대더라. 연봉 높은 애들이 더 알뜰하게 산다. 하기사, 성공도 해본 놈이 알고 돈도 모아본 놈이 그 가치를 안다고.

통장에 9,900만 원이 있는 사람은 1억을 만들기 위해 단돈 100만 원을 안 쓰지만, 수중에 100만 원도 없는 사람은 그나마 있는 몇십만 원도 다 닦아 써뿐다. 잔고가 적은 사람은 돈 쓰는 맛을 알고, 잔고가 많은 사람은 돈이 차는 재미를 아는 것이다.

결혼하면서 천만 원짜리 시계에 명품 웨딩 반지 맞추면서 신혼집은 신축 아파트에 전세로 들어가는 부부들 정신 채리라. 그 돈 아껴서 차라리 집을 사라. 전세는 셋방살이다. 집주인한테 공짜로 돈 빌려주는 거다. 집값이 오르면 집주인만 이득이다. 세입자는 2년, 4년마다 또 다른 집을 구해야 한다. 그렇게 셋방살이는 계속된다.

평생 셋방에만 살 거냐? 죽을 때까지 셋방 떠돌아다닐 자신 있으면 내 집 마련 안 해도 된다. 비슷하게 사회생활 시작한 친구가 나중에 좋은 집 사서 지내는 거 보고 배 안 아플 자신 있으면 지금처럼 살아도 된다. 하지만 그러기 싫으면 당장 생각을 바꿔라.

언제든 돈을 모아 '내 집을 산다'고 계획하고 목표를 세워라. 집은 필수재다. 부동산 투자의 개념을 떠나 자신이 거주할 보금자리 하나는 있어야 한다. 주거의 안정이 주는 삶의 안락함은 무시 못 한다.

무주택자와 유주택자는 세상을 바라보는 눈이 다르다(유주택자가 되어 보면 안다). 집을 사는 사람은 계속 사지만 안 사는 사람은 평생 안 산다. 시작은 작게 하더라도 일단 집을 사야, 돈을 모아서 더 좋은 집으로 옮기고, 그걸 팔고 돈을 붙여서 더 좋은 데로 옮기고 하는 거다.

집 샀는데 집값 떨어지면 우짜냐고? 뭘 우째. 그냥 잘 살면 되지. 부동산은 주식과는 다르게 '거주'라는 실용적 이점이 있다. 주식은 폭락하면 한순간에 내 자산이 휴지조각이 되지만, 집은 값이 떨어진다고 그 건물이 어디로 증발하나? 그대로 있다.

버블일 때 비싸게 사지만 않으면 된다. 돈 부족하다 소리는 그만하자. 그럴수록 더 허튼 지출 줄여서 빨리 종잣돈 모아야 한다. '어차피 나는 글렀어!'라며 흥청망청 쓰다간 나중에 진짜 인생에 남는 거 하나도 없다.

돈 쓰는 것보다 돈 모으는 게 더 행복하다 느껴라. 나 자신이 경제적인 독립체로서 하나의 인생을 가꾸려면 경제적으로 자립해야 한다. 부모님에게 받는 돈이 아닌 오로지 나만의 자산을 쌓아가는 재미를 어서 맛보길 바란다.

3
장

다이아몬드
멘탈로
거듭나기

소비 중독은
원인 있는 병이다

"배고플 때 장 보지 마라."

"다리 아플 때 의자 사지 마라."

모두 비합리적인 소비를 경계하는 말이다. 사람들은 자신이 늘 이성적으로 소비를 한다고 생각하지만 실제는 그렇지 않다. 어떤 물건을 간절히 원해서 사기보다는 마케팅에 홀려서 성급히 사는 경우가 많고, 자신에게 꼭 필요한 물건이라서 사기보다는 남에게 돋보이기 위한 용도로 사는 경우가 더 많다.

우리는 감정에 지배당해서 소비를 한다. 쇼핑할 때 우리의 뇌를 보면 알파[a] 상태보다 베타[b] 상태일 때가 더 많다고 한다. 즉, 합리적인 의식 상태가 아니라 무의식 상태에서 구매하는 경우가 더 많다는 뜻이다.

무의식이란, 말 그대로 '나도 모르게' 하는 것이다. 화장품 광고를 보면 나도 모르게 저 모델처럼 피부가 좋아질 것 같고, 다이어트 식품을 먹으면 나도 모르게 아이돌처럼 날씬해질 것 같다고 생각한다. 그리고 '저건 나한테 필요한 거야.' '저게 있으면 내가 더 좋아질 수 있어.' 하면서 의식이 무의식을 합리화 시킨다.

결국 소비는 '**무의식으로 사고, 의식으로 합리화하는 행동**'이다. 한마디로 제정신이 아닌 상태로 돈을 쓰는 것이다(광고주들은 이러한 인간의 특성을 잘 알고 표적 마케팅에 이용한다).

쇼핑하면 스트레스가 정말 풀릴까?

우리가 하는 소비는 크게 네 종류로 분류할 수 있다.

생존소비는 말 그대로 생존하기 위해, 죽지 않고 살아남기 위해 하는 최소한의 소비다. 생활소비는 일상생

활을 영위하기 위해 필요한 소비다. 과소비는 생존소비와 생활소비를 넘어서서 하는 소비를 말하고, 과소비가 지나치게 반복되는 것을 중독소비라고 한다.

우리의 모든 소비 활동은 위 네 가지 중 하나에 해당되기 때문에, 내가 지금 하는 소비가 어디에 해당하는지 구분할 줄만 알면 자신이 알맞게 소비를 하고 있는지 여부를 체크할 수 있다.

우리가 흔히 말하는 '쇼핑중독'은 중독소비에 해당한다. "나 요즘 쇼핑중독이야!"와 같이 일상에서 쉽게 사용하는 단어지만 실은 '물건을 사는 일에 지나치게 빠져, 물건을 사지 않고서는 견디지 못하는 병적 상태'를 뜻하는 질환이다.

필요한 건지 아닌지에 대한 분별없이 충동적으로 자신의 경제력을 넘어가는 물건을 빈번히 구매하는 상태로, 단순히 쇼핑을 많이 하는 병이라기보다는 쇼핑에 대한 욕구를 스스로 조절하지 못해 자신이나 타인에게 해가 되는 병이라고 할 수 있다.

생존소비와 생활소비는 우리 삶에 꼭 필요한 소비지만, 과소비와 중독소비는 인생을 갉아먹는 소비다. 그런데 어떤 사람들은 중독소비에 빠져 헤어 나오지 못한다. 그 이유가 무엇일까? 중독소비의 원인은 바로 '결핍'이다. 물건의 결핍이 아니라 나 자신의 결핍. 배가 고프면 밥을 먹는 것처럼 '마음의 배고픔'을 채우기 위해 소비를 반복하는 것이다.

EBS 〈다큐 프라임〉 자본주의 제2부 '소비는 감정이다'에서 소개한 실험이 있다. 두 집단에게 각각 평화로운 영화와 슬픈 영화를 보여준 후, 어떤 물건을 주면서 이걸 만약 구매한다면 얼마까지 지불할 의사가 있냐고 물었다. 그랬더니 슬픈 영화를 본 사람들이 평화로운 영화를 본 사람들보다 4배나 더 높은 금액을 제시했다. 슬픔을 느낀 사람은 평소보다 더 물건을 원하고, 더 많은 돈을 내려고 한 것이다. 인간은 상실감을 느끼면 자기도 모르게 빈자리를 채우려는 욕구가 생긴다고 한다. 그 빈자리를 물건이 채워줄 수 있다고 착각하는 모습을 잘 보여주는 실험이다.

쇼핑을 통해 물건을 소유하면 일시적으로 울적한 기분이 사라지고 비어있던 마음이 채워지는 느낌을 받는다. 그래서 그 뒤로도 우울하거나 불안할 때마다 쇼핑을 하게 된다. 하지만 쇼핑으로 잠시 좋아진 기분은 오래가지 않고, 우울감의 뿌리는 해소되지 않은 채 그대로 남아있다. 오히려 나중에 날아오는 신용카드 청구서를 보면 스트레스만 더 가중된다. '쇼핑하면 스트레스가 싹 풀린다!'는 생각은 잘못된 일시적 학습에서 비롯된 것이다.

내가 소비한 물건은 나를 특별하게 만들어주지 않는다

마음의 배고픔은 쇼핑으로 채울 수 없다. 밑 빠진 독에 물 붓기처럼 아무리 반복해도 채워지지 않고 도리어 독을 깨지게 할 뿐이다. 전래동화 〈콩쥐팥쥐〉에서는 밑빠진 독에 물을 가득 채우라는 계모의 명령을 받은 콩쥐가 힘들어할 때, 깨진 부분만 한 크기의 두꺼비가 나타나 구멍을 막아준다. 우리에게 두꺼비는 없지만 스스로 깨진 독을 지켜낼 수 있는 방법이 있다. 바로 '자존감 찾기'다.

자존감은 '자기 존재에 대해 타인의 인정이나 칭찬이 아닌 스스로 가치 있게 생각하는 긍정적인 의식'을 말한다. 자존감이 높은 사람은 평소 자신에 대해 만족하기 때문에 웬만한 다른 것들에 대해서도 만족감이 높은데,

자존감이 낮은 사람은 자신이 부족하다는 생각이 늘 깔려 있어서 자신의 가치를 높여줄 물건을 찾으려고 한다.

금이 간 나 자신을 숨기기 위해 겉을 칠하는 것이다. 실제로, 자존감이 낮을수록 현실 자아와 이상 자아 간의 갭이 커서 그 차이를 메꾸기 위해 더 많이 소비한다고 한다. 그래서 과소비나 중독소비에 빠진 사람은 신용카드를 자르거나 쇼핑 욕구를 억지로 줄이려는 시도보다는 무너진 자존감을 찾기 위한 노력이 먼저다.

"나 정말 제정신이 아니었나 봐!"

내가 아는 어떤 분은 자존감에 흠집이 나는 사건을 겪은 후 1년 정도 우울감에 빠져 급격히 쇼핑을 많이 했다. 수입의 대부분을 모으지 않고 소비로 탕진했는데 뒤늦게 정신 차리고 보니 아무리 후회해도 소용이 없었다고 한다.

수년간 스스로를 회복하느라 힘든 시간을 보냈다는 얘기를 듣고 생각했다. 쇼핑중독은 어찌 보면 굉장한 불행이구나, 빚이라도 생기면 가족들까지 경제적으로 힘들어지니, 이건 개인의 불행을 넘어서 가정의 불행이 될 수도 있겠구나 싶었다.

나 하나로 인해 나뿐만 아니라 내 가족들의 삶까지 힘들게 하는 심각한 상황이 올 수도 있는 것이다. 만약 당신이 경제적 능력을 벗어나는 과소비를 자주 하고 있다면 지금이라도 위기를 인지해야 한다. 근본적인 문제는 외부가 아니라 내 안에 있다는 걸 인정하고 하루빨리 극복하기 위해 노력해야 한다.

소비 뒤에 숨겨진 감정 읽기

지금의 소비 습관을 통해 내 안에 감춰져 있는 여러 가지 감정을 들여다보자. 가령 당신이 하는 소비 중 대부분이 보여주기 식의 소비라면, 그것은 본인을 위해 하는 게 아니라 남의 시선을 의식하는 것이다.

내 경우 쇼핑할 때 나만의 철칙이 하나 있다. 사고 싶은 옷이 보이면, 지구상에 나 혼자여도 그 옷을 사고 싶은지 스스로에게 물어본다. 지구상에 나밖에 없다는 건 보여줄 사람이 없다는 것인데, 그런데도 사고 싶다면 그건 진짜 내 마음에 든다는 것이다. 다른 사람의 시선과 상관없이, 다른 사람에게 잘 보일 거 생각 안 하고 말이다.

우리 모두는 굳이 비싼 가방을 매지 않아도 우아하

고, 비싼 옷을 걸치지 않아도 사랑받고, 비싼 차를 몰지 않아도 충분히 인정받는 사람이다. 타인을 의식하는 소비는 제발 그만하고, 자신의 행복만을 좇아 소비하자.

만족스러운 소비를 찾는 연습

인간은 소비를 많이 하면 할수록 무조건 더 행복해질까? 그렇지 않다(그랬으면 쇼핑중독인 사람들 전부 지금 행복해 미쳐 살 것이다). 그럼 과연 어느 정도의 소비, 어떤 종류의 소비가 행복한 소비일까?

EBS〈다큐 프라임〉에서 한 실험을 했다. 기본적인 행복도가 비슷한 아이들을 모아서 두 반으로 나눴다. 그리고 동일한 금액의 용돈을 주면서 각기 다른 소비를 하게 했다. A그룹은 사고 싶은 '물건'을 마음껏 사게 하고, B그룹은 다 함께 '여행'을 보내서 다양한 체험을 하게 했다.

3주 뒤 아이들의 행복도와 만족도를 확인해 봤더니 A그룹보다 B그룹의 결과가 훨씬 더 높게 나왔다. 더욱 놀라운 건 "이 행복한 기분이 언제까지 갈 것 같아요?"라는 질문에 아이들이 한 대답이었다. A(물건)그룹 아이들은 "일주일?" "한 달이요."라고 대답한 반면, B(여행)그

룹 아이들은 "평생 기억에 남을 것 같아요!"라고 대답했
다. 물질에 돈을 쓰는 소비보다 내 삶을 풍요롭게 하는
경험에 쓰는 것이 훨씬 더 오래 기억되고 행복감도 길게
지속된다는 결론이다.

무너진 자존감
절대 지켜!

1. 자신감이 부족하다.

2. 스스로를 저평가한다.

3. 남의 시선을 지나치게 의식한다.

4. 주변 눈치를 많이 본다.

5. 나의 행동이 늘 만족스럽지 못하고 자책을 자주 한다.

이는 모두 자존감 낮은 사람들의 특징이다. 이런 사람들이 자존감을 끌어올리려면 어떻게 해야 할까? 흔히 자존감을 높이려면 나를 사랑해야 한다고 말한다. 하지만 나 자신을 아는 게 가장 먼저다. 나를 사랑하려 해도, 내가 어떤 사람인지 알아야 사랑하든 말든 할 것 아닌가. 나 자신을 객관적으로 알고 나의 좋은 모습을 꾸준히 키워나가고자 하는 노력과 성취가 커질수록, 자신감이 생겨 스스로를 존중하게 되고 자존감이 만들어지는 것이다.

나 자신을 찾는 방법 1. 일기 쓰기

일기를 쓰면 가장 쉽게 나 자신을 찾을 수 있다. 이건 진짜 돈 안 드는 좋은 방법이다. 일기를 쓰면 확실히 스스로를 더 잘 알게 된다. 인간은 망각의 동물이라서 지나고 나면 다 까먹는데, 일기를 쓰면 기록으로 남으니까 모든 걸 다시 돌아볼 수 있다. 어느 날, 일기를 쓰고 나서 문득 1년 전 쓴 일기를 찾아봤다. 그런데 오늘 쓴 일기랑 거의 똑같은 내용이 쓰여 있었다.

"요즘 알레르기 때문인지 눈이 가려워 미치겠고 잠이 너무 많이 온다."

소름이 돋았다. 매년 4월만 되면 봄철 알레르기에 힘들어하면서 그걸 그새 잊은 것이다! 알레르기 시즌이 다가오면 미리 약을 사 놓든지, 면역력이 떨어지는 시기니까 건강 관리에 각별히 신경을 쓰든지 준비를 해야 하는데, 그걸 까맣게 잊고 처음인 것처럼 매년 고생했던 것이다.

우리는 가끔 지나온 과거를 잊고 산다. 내가 과거에 했던 각오나 다짐, 결심 같은 것들도 시간이 지나면 희미해진다. 그런데 어딘가에 적혀 있으면, 잊지 않을 수 있다. 일기장에 써놓고 돌이켜보고 하면, 내가 하지 말아야지 했던 행동을 안 할 수 있고, 실수를 반복하지 않을 수 있다. 지난 생각의 발자국들을 또렷이 되새기면서 현재의 나를 더 이해할 수 있게 되는 것이다.

나 자신을 찾는 방법 2. 학교생활 기록부 찾아보기

나 자신을 알려면 내 본성이 어떤 사람인지 아는 게 중요하다. 진정한 자신의 본성은 어릴 적 모습에서 찾을 수 있다. 그래서 좋은 방법이 바로 학교생활 기록부를 뽑아서 거기에 선생님이 뭐라고 쓰셨는지를 보는 것이다. 요즘 생활 기록부는 인터넷이나 무인 발급기에서 쉽게 뽑을 수 있다. 내 경우 고등학교를 졸업한 지가 14년이 넘었는데, 한번 찾아서 읽어보니 너무 재밌었다. 아래는 나의 실제 고등학교 생활 기록부의 일부 내용을 발췌한 것이다.

학년	행동특성 및 종합의견
1	학기 초 자신이 먼저 다가가 급우들과 친분관계를 맺고 그것을 유지해 나가며 자신의 미래를 위해 현재를 잘 투자해 나가는 등 자신이 좋아하고 원하는 것에 대한 열정이 있음. 또한 노력도 게을리 하지 않아 교과 성적을 우수하게 유지하며, 교우 간 신뢰도 두터움.
2	학업성취에 대한 욕구가 강해 꾸준히 노력하고 있으며 정의감이 강하고 명랑한 성격으로 교우관계도 원만함.
3	단체생활에서 급우들과 의견이 달라도 조화를 꾀하기 위해 노력하는 등 문제해결력과 친화력이 뛰어난 학생임. 사고가 논리적이고 진취적이며, 자신의 의견을 설득력있게 펼치는 등 대인관계에서 흡입력이 있는 매력적인 학생임. 학업에 대한 열의가 강하여 계획성있게 꾸준하게 노력하여 성적이 많이 향상됨.

담임 선생님들께서 대체적으로 좋은 말만 골라서 적어주신 것 같긴 하지만, 이렇게 학창 시절 생활상만 보아도 내가 본래 어떤 사람인지가 다 드러난다. 전체 페이지를 구석구석 정독해보면 정말 생생하다. 꼭 한번 뽑아서 그 시절 내 모습을 천천히 그려보고, 자신을 되돌아보길 바란다.

나 자신을 찾는 방법 3. 혼자 여행가기

혼자 여행을 한 번도 안 가본 사람이 은근히 많던데, 혼자서 여행을 해봐야 내가 어떤 걸 좋아하고 어떤 걸 원하는지, 내가 어떤 사람인지 알게 된다. 왜냐면 하루 24시간 모든 의사 결정을 나 혼자 하게 되기 때문이다.

혼자 여행을 가면 내가 잠자고 싶을 때 자고, 일어나고 싶을 때 일어나서, 나가고 싶을 때 나가고, 내가 끌리는 카페나 음식점에 들어가고, 내가 쉬고 싶을 때 숙소로 돌아온다. 같은 장소에 여러 번 간다고 뭐라고 하는 사람도 없고, 메뉴 선택을 잘못했다고 친구에게 핀잔을 들을 일도 없다.

우리가 누구랑 함께 할 때는 아무래도 상대방 의견을 신경 쓰고, 나보다는 상대방에게 맞추려고 한다. 하지만 혼자 있으면 오로지 '내'가 하고 싶은 게 뭔지를 계속 고민하게 된다. 여행지에서 만큼은 온전한 나 자신의 본래 모습이 발현되는 것이다.

나의 첫 혼자 여행은 대학교 4학년 때 떠난 동남아 여행이었다. 언제나 강철 멘탈일 것 같지만 내 인생에도 위축되던 시기가 있었다. 바로 취업 준비생 시절이다. 불투명한 앞날에 답답한 일상을 꾸역꾸역 지내던 어느 날, 갑자기 혼자 동남아 배낭여행을 갔다.

여행을 가겠다고 말씀드리니 부모님은 당연히 "가시나! 하라는 취업은 안 하고 무슨 여행을 가!"라며 반대하셨지만, 구구절절 편지로 설득해서 겨우 허락을 받고 떠났다. 그런데 아니나 다를까, 그 여행이 내 인생의 터닝포인트가 되었다.

라오스 여행 중 만난 한국인 친구와의 대화가 가장 기억에 남는다. 우리 둘은 한창 야시장 구경을 하던 중이었는데, 친구가 대뜸 나 보고 혹시 창원 사람이냐고 물었다. 창원이 고향인 나는 깜짝 놀랐다. '아니, 서울 사람이 어떻게 내 사투리만 듣고 특정 지역인 창원을 맞추지?' 어떻게 알았냐고 물으니 "나 아는 동생이 창원 사는데, 너랑 말투가 똑같아. 그리고 성격도 똑같아."라고 말했다.

"내 성격이 어떻길래?" 나는 물었다.

"너 되게 당당하고, 자신감 넘치고, 활발해 보여! 아까 처음 보는 나한테 먼저 말 걸면서 같이 택시 타자고 하고, 택시 기사한테 농담도 잘 치고, 길 안내도 잘 하던데?" 친구는 답했다.

순간 머리를 띵 한 대 맞은 것 같았다. 그리고 울컥했다.

'그래, 나 원래 이런 애지. 이렇게 당당한 사람이지. 그런데 그동안 한국에서 왜 그렇게 위축되어 있었을까. 왜 맨날 죄인처럼 모자 푹 눌러쓰고 집이랑 도서관만 오가며 하루하루 쪼들려 살았을까. 앞으론 그러지 말아야지! 일상으로 돌아가면 지금 여행지에서의 내 모습처럼 활기차고 당당한 취준생이 되어야지!'

나는 그때를 계기로 잃어버린 자신감과 나 자신을 되찾았다. 그리고 한국에 돌아와 '내가 기업을 골라야지, 무슨 기업이 나를 골라!' 하는 근자감으로 면접에 임했고 곧바로 취업에 성공했다. 지금도 어디선가 나 자신을 잃고 움츠러든 누군가가 있다면, (해외가 힘들면 가까운 국내라도) 꼭 혼자 여행을 떠나보길 권한다. 나도 모르게 엄청난 자신감과 용기를 얻고 돌아오게 될 테니 말이다.

내 인생은 내가 만든다

"할미언니는 어떻게 그렇게 자존감이 높으세요?"

이 질문을 받고 깊이 생각해본 적이 있다. 나는 왜 자존감이 높을까? 나의 높은 자존감의 원천은 크게 두 가지가 있는 것 같다. **첫 번째는 경험 덕분이다. 그동안 쌓아온 다양한 경험들! 사람은 경험을 많이 할수록 자신감이 생긴다.** 그리고 그 자신감은 자존감과 직결된다. 어떠한 도전에 맞닥뜨릴 때, 과거 비슷한 상황에 내가 그걸 해낸 경험이 있으면 이번에도 당연히 할 수 있을 거라고 생각한다. 그리고 할 수 있다는 그 자신감이 결국 성공을 이끌어낸다.

예를 들어 어떤 사람이 A라는 가장 어려운 일을 성취한 경험이 있다고 가정해보자. 그럼 그 이후에 A보다 난이도가 낮은 B, C, D, E는 해보지 않고도 당연히 할 수 있을 거라고 생각한다. '내가 A도 했는데, B를 못할 게 뭐 있겠어?' 하는 생각으로 첫발을 쉽게 내딛는 것이다.

어려운 일을 해낸 사람일수록 살면서 무슨 일이든 자신감 있게 시작할 줄 안다. 마라톤 풀코스를 완주한 경험이 있는 사람은 하프 코스가 쉽게 느껴진다. 에베레스트 등반에 성공한 사람은 한라산 등산이 우스워진다.

생각해보면 나도 자전거를 탈 때 그랬다. 회사 선배들을 따라 맨 처음 자전거를 타러 갔을 때 뭣도 모르고 하루 60km를 탔다. 그러니 그 뒤로 50km, 40km를 타는 것은 시시하게 느껴졌다. 당연하게 할 수 있는 일이 된 것이다.

스스로 자신감을 얻고 자존감을 높이기 위해서는 크고 작은 성공 경험을 반복하는 게 중요하다. 일상 속 사소한 일이라도 다양한 성공 체험들이 쌓이면 자신감이 올라가고 삶을 대하는 태도도 달라진다.

두 번째는, 타인에 무관심한 성격 덕분이다. 나는 남에게 별로 관심이 없다. 남한테 관심이 없으니까 남들도 나한테 관심이 없을 거라고 생각한다. 그래서 남의 시선을 신경 쓰지 않는다. 자존감이 낮은 사람들은 대체로 남을 의식하는 경우가 많고 다른 사람의 눈치를 많이 본다고 한다. 그런데 남을 의식하는 것과 안 하는 것은 삶의 피로도가 천지차이다.

무게중심을 자신에게로 가져와야 한다. 이 사람 저 사람 의식하며 모든 걸 다른 사람들에게 맞추려고 하면 수천, 수만 가지의 모습으로 살아야 한다. 나 자신에게 집중하면 나 한 가지 모습으로만 살면 되는데 말이다. 나는 피곤해서라도 나 자신을 여러 가지 모습으로 꾸며낼 자신이 없다. 그냥 나대로, 세상에 한 명뿐인 나 자체의 모습으로 살아가고 싶다.

재테크의 시작은 나를 찾는 것에서부터

"나는 자존감이 낮아서…"라는 말을 달고 사는 사람들은 자존감이 무슨 DNA처럼 타고 나는 건 줄 안다. 자존감은 타고 나는 게 아니다. 자존감이 '원래' 높은 사람은 아무도 없다. 어느 순간 하늘에서 뚝 떨어지거나 돈으로 살 수 있는 것도 아니다.

자존감은 인생의 시행착오를 겪으며 스스로 적립해나가는 것이다. 저마다 상처가 있고 남모를 부족을 갖고 살지만 그것을 계속 극복해가면서, 즉 '노력'이란 걸 하면서 자존감이 탄탄해지는 것이다. 아무 노력도 없이 자존감을 얻으려 한다면 그 누구도 당신에게 자존감을 안겨다 줄 수 없다. 작은 성취, 성공 경험, 적정량의 시련 극복 등을 겪으면서 단계적으로 차근차근 쌓아 올려야 한다.

우리가 인생에서 길을 잃고 헤맬 때, 가끔 내가 왜 사는지 내가 뭘 위해 사는지 의문스러울 때, 도대체 어떻게 해야 할지 모를 때도 그 답을 다른 사람이나 외부에서 찾으려고 하면 안 된다. 그럴 때 찾는 것은 바로 나 자신이어야 한다. 처음부터 다시 마음을 다잡아야 한다. 하루 정도 혼자만의 시간을 만들어서 책상에 차분히 앉아 내가 어떤 사람인지 적어 보자. 마치 처음으로 돌아간 것처럼.

내 이름, 내 나이, 내가 좋아하는 것, 내가 싫어하는 것, 내가 원하는 것, 내가 원하지 않는 것, 내가 이루고 싶은 꿈, 내가 가장 중요시하는 가치, 내 인생에 가장 후회되는 일, 내가 제일 좋아하는 친구와 그 이유 등, 이런 것들을 써 내려가다 보면 나 자신에 대해 깊숙이 생각하게 될 것이다.

최선을 다해 자기 자신이 되자. 투자 공부보다도 우선되어야 하는 것이 바로 단단한 자신 만들기다. 나 자신이 충만해야 불안함과 조급함 없이 현명하게 재테크를 이어나갈 수 있기 때문이다.

인생에서 반드시
걸러야 하는 사람

　살면서 피하고 싶은 사람의 유형은 많다. 정상이 아닌 사람, 상식이 없는 사람, 허세 부리는 사람, 얻어먹기만 하는 사람 등 많지만, 우리가 인생에서 절대 믿고 걸러야 할 사람은 바로 "나는 흙수저라서~"가 디폴트값으로 있는 사람이다.

　흙수저 마인드가 기본으로 깔려 있어서 "나는 흙수저니까 이래." "나는 흙수저라서 안돼." 이렇게 항상 흙수저 타령을 하는 사람은 걸러야 한다. 이런 사람은 흙수저가 무슨 면죄부라도 되듯이 흙수저 핑계를 댄다.

　우리의 꽃길 인생에 방해가 될 사람이다. 꽃이 무럭무럭 자라야 하는데 오히려 초를 치는 아주 독이 되는 사람 유형이다. 이런 사람들의 특징은, 매사에 부정적이고 불평불만이 많다는 것이다. 항상 뭐가 불만이고 항상 무슨 문제가 많다. 그래서 항상 우울모드인데, 그 우울한 에너지를 또 주변에 전파를 잘 시킨다. 아주 기가 막히게 퍼트린다.

게다가 피해의식, 자격지심, 열등감이 상당하다. 무슨 말을 해도 자기 저격 또는 공격 의도가 있다고 생각한다. 그냥 한 말인데 노발대발한다든지, 별것 아닌 것에도 날을 세운다. 가까이 가서 귀를 대 보면 이런 소리가 난다.

'갈갈갈'

자존감 갉아먹는 소리다. 자존감이 낮은 사람이 흙수저 타령을 잘 하고, 흙수저 타령을 함으로써 자존감을 더 깎아내린다. 이런 사람은 주변 친구가 잘 되는 일이 있을 때 진심으로 축하를 못 해준다. 겉으로는 축하하는 척해도 속으로는 부러워죽겠는데 티는 못 내고, 엄청 재수 없다고 생각한다. 심지어 '나는 뭐 하는 기지?'라는 생각으로 자신과 비교하기 시작하면서 화를 내고, 스스로를 더 싫어한다.

부자는 사촌이 땅을 사면 진심으로 축하해주고 어떻

게 샀는지 서로 정보를 공유하지만, 흙수저는 사촌이 땅을 사면 배 아파하고 시기 질투하기 바쁘다고 한다. 주변에 이런 '갈갈갈' 소리 나는 사람 있는지 잘 살펴보자. 만약 있으면, 그런 사람은 정말 당신에게 안 좋은 영향만 끼치니 절대 곁에 두지 말자.

흙수저 타령도 남 탓이다

흙수저 타령하는 사람들은 또 자기 탓은 하나도 없다. 세상 탓, 남 탓, 부모 탓. 이 3종 세트 중 하나를 꼭 한다. 흙수저 타령도 일종의 남 탓이다. 흙수저 타령이 결국 무엇인가? 자칭 흙수저 물려준 부모를 탓하는 것 아닌가(부모 탓도 남 탓이다).

부모 잘못 만난 탓이라고? 나는 아무 잘못한 거 없고 다 부모 잘못이라고? 아니, 마음 같아선 자식한테 뭐든 다 주고 싶은데 없어서 못 해주는 부모님을 원망하면 어떡한단 말인가. 부모님 없이는 내가 존재할 수 없다. 사지 멀쩡하게 낳아서 무사히 길러주신 것만으로도 감사해야 한다(그리고 나이 먹을수록 환경 탓만큼 없어 보이는 짓도 없다).

168

가장 중요한 것은 흙수저 타령을 한다고 해서 달라지는 게 없다는 거다. 아무리 부모 탓을 해봤자 인생에 달라지는 건 아무것도 없다. 인생이 달라지려면 주어진 환경이 어떻든 내가 열심히 해야 인생이 바뀐다.

내 분수가 성에 안 차면 분수 자체를 끌어올릴 생각을 해야지 분수를 탓하기만 한들 뭐가 달라질까. 성공을 향해 달려가기도 바쁘고 하루 24시간이 모자란데, 흙수저 타령할 시간이 어디 있단 말인가.

요즘 너도나도 흙수저라고 하는데, 막상 흙수저 타령하는 사람 중 절반은 진짜 흙수저도 아니다. 무작정 금수저와 비교를 하면서 자신을 흙수저라고 하는 것이다. 물론 금수저 물고 태어나서 편하게 사는 사람들을 보면 부러울 수 있다. 나는 아등바등 힘들게 돈 모아도 겨우 내 집 장만 할까 말까 한데, 친구는 부모님이 부동산을 떡하니 증여해주고 비싼 차도 막 뽑아주는 걸 보면 시샘이 날 수도 있다.

그런데 나보다 잘난 사람들을 굳이 그렇게 질투할 필요 없다. 그냥 "우왕, 부럽당~" 하고 넘기면 된다. 정말로 부럽다면 나도 그 사람들처럼 되기 위해 어떻게 해야 할지 고민하자. 그 사람들만큼, 그 사람들 부모가 했던 것만큼 열심히 살아서 내 자식은 금수저 물고 태어나게 만들면 되는 것이다.

불행에서 벗어나는 가장 쉬운 방법은 '자신을 다른 사람과 비교하지 않는 것'이라고 한다. 남이랑 비교하면 끝도 없다. 실제로 우리나라 사람들이 다 비교하고, 비교하고, 비교하면 제일 끝에 삼성 회장님 한 명 남는다. "진정한 마음의 자유는 자신을 다른 사람과 비교하지 않는데 있다."라고 말한 최인철 교수님이 쓴《프레임》에도 이런 구절이 나온다.

"사람들이 만족을 느끼는 최상의 상태는 비교 프레임이 적용되지 않을 때다. 즐거운 식사 자리, 가족들과 보내는 휴가, 친구와의 유쾌한 수다, 책 읽는 기쁨, 좋아하는 취미생활 등 이런 것들은 그 자체만으로도 만족감을 준다. 이런 일들은 많으면 많을수록 좋다.

그러나 여기에 비교의 프레임이 침투하기 시작하면 진정한 만족이 사라진다. '남들은 외식도 자주 하던데.' '대학생이라면 어려운 고전부터 읽어야 한다는데.' '저 집은 동남아로 가족 여행 가는데.' 이런 비교 프레임에서는 '남들보다 많아야만' '남들보다 나아야만' 좋은 것이 된다."

남들과의 비교는 나 자신의 진정한 행복을 저해한다. 비교를 하려거든 차라리 과거의 나와 현재의 나를 비교하자. '어제의 나'보다도 못한 '오늘의 나' 주제에, 어디 다른 사람과 비교를 한단 말인가!

굳이 남과 비교를 하려면, 나보다 잘 사는 사람이 아니라 나보다 열심히 사는 사람과 비교를 해보자. 세상에는 나보다 긍정적인 마인드를 가지고 열심히 살아가는 사람이 너무 많다. 그 사람들 중 나보다 잘 사는 사람도 물론 많다. 잘난 사람이라고 노력을 안 하는 게 아니다. 잘난 사람은 노력을 더 많이 하는 사람이다.

내가 먼저 곁에 두고 싶은 사람이 되자

자수성가형 부자들의 보편적인 행동 습관 6가지를 정리한 톰 콜리Tom Corley의 《습관이 답이다》라는 책에 보면 "성공지향적인 친구를 곁에 둬라."는 말이 나온다. 부자인 사람들과 가난한 사람들의 인간관계를 전부 분석해 보니, 부유한 사람일수록 긍정적이고 명확한 목표를 가진 사람을 친구로 두었다고 한다. 새로운 자리에서 우연히 장점이 많은 사람을 발견하면, 시간과 노력을 들여서 그 사람과 친해지려고 한다고 한다. 당신은 '당신이 친하게 지내는 사람만큼' 성공한다. 유유상종, 이것은 불변의 진리다.

인간관계는 서로 공감 가고 통하는 게 있어야 원만히 지속된다. 결이 다르면 같이 어울릴 수가 없다. 내가 어떤 사람을 곁에 두고 싶지 않으면, 내가 먼저 그런 유형의 사람이 아니어야 한다. 즉, '곁에 두지 말아야 할 사람'은 '내가 되지 말아야 할 사람'이고, '곁에 두고 싶은 사람'은 '내가 되어야 할 사람'이다.

과연 나는 주변 사람들이 곁에 두고 싶어 하는 사람인지 생각해보고, 혹시라도 내가 흙수저 타령을 하고 있다면 당장 그만 두자(주변에 좋은 사람들 다 떠나간다). 그리고 목표에 대한 의지력을 갖고 열심히 사는 사람들을 곁에 많이 두려고 노력하자! 그런 좋은 영향을 주는 사람들과 시간을 보내기에도 부족한 게 인생이니까.

돈 모으다
현타 올 때

'이렇게 아껴서 뭐 하나.'

'이런다고 부자가 되겠나?'

'저 친구처럼 나도 그냥 쓰고 살까?'

이런 회의감이 들기 시작한다면, 축하한다. 당신은 절약 권태기에 접어들었다! 절약을 하다 보면 권태기는 반드시 지나가는 관문이다. '아휴… 내가 이렇게 1~2만 원 아껴가면서, 무슨 부귀영화를 누리겠다고 이러고 있나?' 하는 생각을 하고 있을지도 모른다. 부귀영화? 반드시 누릴 것이다. 지금 부귀영화 누리면서 사는 사람들은 모두 그 단계를 거쳤다. 그런 힘든 과정 없이 성공한 사람은 없다. 이렇게 생각하자.

'지금 힘든 건 잠시고, 멋진 미래와 풍요로운 노후는

평생이다!'

훗날 내가 받게 될 보상을 기대하며 이 힘든 시기를 기필코 강인하게 이겨내야 한다.

목표가 보이면 재테크가 즐겁다

이놈의 절약 권태기는 왜 찾아오는 것일까. 절약 권태기는 절약 생활이 장기간 지속되면서 스스로의 의지가 하락하는 시기이다. 권태기가 온 건, 내가 세운 목표를 점검하고 재설정하라는 신호다.

원래 사람이 목표를 위해서 앞만 보고 달려갈 때는 딴생각 할 틈이 없고 의지가 약해질 틈도 없다. 그런데 권태기가 왔다는 건 목표가 그만큼 확고하지 않거나, 절실하지 않기 때문이다. 달성해도 그만, 안 해도 그만인 것은 목표로 잡으면 안 된다.

너무 현실적이지 않은 목표 또는 구체적이지 않은 목표도 좋지 않다. 목표는 반드시 구체적이고 수치화된 것이어야 한다. 그렇게 하지 않으면 처음엔 열심히 달리다가도 중간에 길을 잃어버릴 수 있다. 목적은 정성적인 게 될 수도 있지만 목표는 정량적이어야 한다. 그리고 목표는 머릿속에만 있으면 안 되고, 적어야 한다.

목표를 이루는 가장 쉬운 방법이 바로 '목표를 적어두고, 매일 보면서, 목표를 이룬 내 모습을 상상하기'다. 적으면 이루어진다 생각하고 무조건 적어라. 수첩에 적든지, 휴대폰 배경화면에 적든지, 폰 뒤에 적어 붙이든지, 아니면 포스트잇에 써서 책상 앞에 붙여라(돈 드는 일도 아닌데 좋은 말로 할 때 지금 당장 해봐라).

어떤 분은 자기가 살고 싶은 아파트 평면도를 다이어리 맨 첫 장에 오려 붙여놓고 매일 봤다고 한다. 내 경우 매년 다이어리 첫 장에 굵은 펜으로 버킷리스트를 써 놓는다. 2020년에는 막연하게 '부동산(집) 사기'를 적었다.

적을 당시만 해도 정말 아무 생각도 아무 계획도 없었다. 주식 투자 외에 부동산 투자는 한 번도 해본 적이 없었기에 그냥 '부동산도 해보고 싶다'는 생각에 냅다 적은 것이었다. 그런데 놀랍게도, 그해 나는 실제로 집을 샀다.

주의를 모으는 곳에 에너지가 흐른다고 했던가? 어쩌다 보니 내 주의가 온통 부동산으로 흘렀다. 일 년 내내 구상하고, 수시로 떠올리며 공부했다. 목표를 매일 상기하기 때문에 권태기가 올 겨를도 없었다. 그 이후로 '적기만 하면 이루어진다'는 끌어당김의 법칙을 믿게 되었다.

스스로에게 동기를 부여하는 가장 간단한 방법

"김 대리, 시간 되면 잠깐 보자."

대리 시절이었던 어느 날, 이사님이 사내 메신저로 나를 부르셨다. '무슨 일이시지?' 긴장하며 이사님 방으로 들어갔는데, 이사님께서는 뜬금없이 나의 PC 로그인 비밀번호를 물으셨다.

"저 그냥 회사명에 숫자랑 느낌표 붙입니다."

예를 들어 회사명이 애플이면 'Apple1!' 이렇게 하고 비밀번호 변경 주기 때마다 'Apple2!' 'Apple3!' 이런 식으로 숫자만 바꾼다고 말씀드렸다. 그랬더니 이사님이 그렇게 하면 아무 의미가 없다고 하시면서, 개인적인 목표나 좌우명이 있으면 그걸 비밀번호로 해보라고 하셨다. 신박한 아이디어라고 생각한 나는 그날 집에 오자마자 노트북 비밀번호를 'Youtube 10000'으로 바꿨다.

당시 유튜브 구독자 천 명을 막 달성했던 나의 다음 목표는 '구독자 1만 명'이었기 때문이다. 회사 PC 비밀번호도 바꿨다. 하루를 즐겁게 보내자는 의미로 'Make a day'로 하고 싶은데 '대소문자+숫자+특수문자'가 들어가야 해서 'Make 1 day!'로 했다. 그렇게 했더니, 매일 아침 출근해서 PC를 켤 때마다 왠지 모르게 힘찬 마음이 들었다.

'그래, 오늘 하루도 즐겁게 일해보자!'

PC 비밀번호 외에도 우리는 네이버, 다음과 같은 포털사이트나 각종 공공기관 사이트에서 비밀번호를 설정해놓고 늘 사용한다. 이 비밀번호를 좌우명으로 하는 건 정말 좋은 방법이다. 이사님께서는 김승호 회장님이 쓴 《생각의 비밀》이라는 책을 읽고 본인이 직접 실행해봤는데 효과가 있으니, 부하 직원인 나에게 추천해주신 거였다.

김승호 회장님이 미국에서 첫 번째 매장을 오픈하던 날, 지도를 펼치고 300개의 점을 찍었다고 한다. '내가 미국에 매장 300개를 만들겠다!'라는 목표를 가짐과 동시에 이메일 비밀번호를 "300개 매장에 주간 매출 백만 불"로 바꿔서 로그인할 때마다 매번 생각하고, 하루에도 거의 백 번씩 중얼거렸다고 한다.

실제로 모든 주의가 그 목표를 향해 기울어졌는지 생각보다 빨리 실현이 됐고, 목표 달성 후에는 또 다른 목표를 비밀번호로 설정해서 달성하기 위해 노력하셨다고 한다. 김승호 회장님은 목표에 힘을 부여하기 위해서 액자에 써서 걸어놓거나 포스터로 만들어서 붙이기도 했다고. 개인적인 목표나 회사의 새로운 목표를 이루기 위해서 가장 먼저 했던 일이었다고 한다.

그러고 보니 고등학생 때를 떠올려보면, 서울에 있는 대학에 가길 원하는 친구들은 책상이나 필통에 온통 '인서울' '인서울' 글귀를 적어놨었다. '인서울 하겠다!'는 의지를 다잡으며 자신을 계속 동기부여 하는, 마치 부적 같은 것이다.

성공하는 사람들의 공통적인 습관이 '목표를 설정하고 그걸 잊지 않기 위해 계속 노력하는 것'이라고 한다. 목표 설정에서 끝나는 게 아니라, 그것을 자꾸 상기시키기 위해서 다양한 방법으로 주변 환경을 세팅하는 것이다. 대단하고 거창한 게 아니라 이런 사소한 것들이 모이고 모여서 성공을 이루게 된다.

멈추지만 않으면 결국 해낸다

절약하는 게 고통스러운가? 거지가 되면 더 고통스러울 것이다. 티끌 모아 티끌이라지만 티끌마저 없으면 얼마나 힘들지를 상상해보라. 오히려 지금 상황이 행복하게 느껴질 것이다. 이왕 절약하는 거 즐겁게 하자! 절약 끝에 부자가 된 내 모습을 상상해보자. 나와 비슷한 단계에 있는 사람들과 함께하며 서로를 응원해주자. 혼자보다는 누군가와 함께 하면 훨씬 힘이 난다. 그래서 서로의지할 수 있는 사람들로 내 주변을 채우는 것도 좋은 방법이다.

나도 처음엔 현타 올 때가 많았다. 남들은 소비하면서 즐거워하는데 나 혼자 유난 떠나 싶기도 했다. 하지만 결국 시간이 지나서 웃을 수 있는 사람은 흥청망청 탕진한 사람이 아니라 열심히 돈을 모은 사람이라는 걸 생각하니 힘이 났다. 내가 좋아하는 말이 있다.

"나보다 많은 것을 이룬 사람은, 하기 싫은 일을 나보다 많이 한 사람이다."

성공한 사람들의 스토리를 보면 모두 다 힘든 과정을 거치더라. 그리고 결국엔 빛을 보는 날이 오더라. **그러니**

우리 힘들어도 조금만 더 슬기롭고 현명하게 이겨내 보자. 지금도 너무 잘 하고 있다. 앞으로도 꾸준히 목표를 향해 달려가면 분명 좋은 날이 올 것이다.

20대는
나이가 깡패다

"답이 안 보일 때는 어떻게 하죠?"

우연히 지식 커뮤니티에 이런 질문이 올라온 걸 봤다.

"20대 후반입니다. 아직 제대로 된 직장을 못 구했어요. 잘하는 게 없습니다. 그래서 좋아하는 거라도 하자 싶은데, 제가 좋아하는 분야는 연예 쪽입니다. 문제는 저는 매우 안정적인 것을 추구하는데 제가 좋아하는 분야는 위태로운 분야 같아서 너무 불안합니다. 이 직업을 선택해도 되는 걸까 고민이 되고 답이 안 보이는데, 어떻게 하는 게 좋을까요?"

30대인 나는 이 글을 읽고 생각했다.

'뭐 직업 바꾸면 죽나, 왜 해보지도 않고 걱정하지?'

미리 앞당겨 걱정하느라 시간만 흘려보내고 있는 청

춘이 안타까웠다. 걱정한다고 해서 달라지지 않는 일들은 걱정할 필요가 없다. "인간은 현상이 아니라 현상에 대한 자신의 생각 때문에 불안해진다."라고 스토아학파 철학자 에픽테토스Epictetus가 말했다.

위태로운 분야라고 생각하는 건 추측일 뿐이다. 안 해보고 어떻게 아는가? 막상 해보면 불안정하게 느껴지지 않을 수 있고, 만약 불안정하다 하더라도 그걸 감수할 정도로 미친 듯이 만족스러울 수도 있다. 해보기 전에는 아무도 모른다. 뭐든지 해봐야, 좋은지 안 좋은지 알 수 있는 것이다.

2016년에 혼자서 간 일본 오사카 여행에서 경남 거제에서 온 한 여자를 만났다. 그 동생이 나보다 2살 어렸으니 당시 24살 정도 됐겠다. 유치원 교사를 하다가 평소 사진 촬영을 좋아해서 우연히 한 카메라 회사가 주최한 공모전에 나갔는데 입상을 했다고 한다. 덕분에 서울에서 교육도 받고, 그 계기로 지금은 방송 촬영 쪽에서 일하고 있다고 했다.

"언니, 이거 완전 열정페이예요!"

바쁠 때는 이틀에 4시간씩 자면서 일할 정도로 몸이

고되다고 했다. 그런데 그렇게 피곤한데도, 그게 너무 즐겁다고 했다. 원래 직업이던 유치원 교사는 자기랑 너무 안 맞아서 일할 때 매일이 불행했는데(유아교육과도 부모님의 권유로 간 거였다고 한다), 지금은 체력적으로나 경제적으로 더 힘든데도 비교도 안 되게 행복하다는 것이다. 이렇듯 직접 발을 담가 봐야 안다. 남들이 이렇다 저렇다 해도 내가 직접 해보면 다르게 느낄 수 있다. 인생의 모든 일은 직접 해보지 않고는 모르는 것이다.

'나는 깡패다' 생각하고 하고 싶은 일 다 해보자

나의 유튜브 구독자층이 주로 20대여서 그들의 고민이 댓글에 많이 달리는 편인데 볼 때마다 꼭 해주고 싶은 이야기가 있다. 배는 항구에 정박해있을 때 가장 안전하지만 그러라고 태어난 것은 아니다. 20대는 진로나 직업에 대한 고민을 오래 하고 앉아있을 때가 아니다. 물론 불투명한 미래에 가슴이 답답하고 앞날이 걱정되어 불안할 것이다. 그래, 충분히 그런 마음이 들 수 있다.

하지만 인생을 살아가기 위해 모든 20대들이 알아야 할 사실이 있다. **20대는 자신이 젊다는 그 사실 자체로**

매일매일이 기뻐야 할 나이다. 20대 초반이든, 중반이든, 후반이든 20대는 본인이 생각하는 것보다 훨씬 젊다.

"아닌데요. 저 나이 많이 먹었는데요?"

아서라. 나도 그때는 몰랐다. 그런데 지나고 보니 30대인 지금도 너무 젊다. 23살 때 남미 여행가를 만난 적이 있는데 그분이 "30대까지는 모든 걸 허물고 처음부터 다시 시작해도 하나도 늦지 않은 나이야."라고 하셨다. 그때는 그 말이 전혀 와 닿지 않았는데 지금은 100% 공감한다.

20대는 마음껏 방황해도 되는 나이다. 방황하든, 여행하든, 일을 하든, 안 하든, 모든 게 용서되는 나이다. 한마디로 '꿀 나이'다. 마음껏 누려라. 이것도 해보고, 저것도 해봐라. 아니 30대에도 다 부수고 새로 시작해도 된다는데, 하물며 20대가 뭘 망설인단 말인가?

나이가 깡패다. 20대라는 나이 하나로 여러분은 깡패다. 오늘부터 '나는 깡패다!' 생각하고 하고 싶은 거 다 하며 살아보기로 하자.

고민보다 도전부터

'할까 말까' 고민되는 게 있다면 주저하지 말고 해라. 좋은 말로 할 때 그냥 해라. 나이가 들수록 주저하는 일이 많아진다. 나이 때문이 아니라 나를 둘러싼 '상황' 때문에 그렇게 된다. 30대, 40대가 되면 20대랑은 상황이 많이 달라진다.

20대는 성인이라고 해도 아직 부모님의 보살핌을 어느 정도 받는 나이다. 그런데 딱 30대가 되면 완전히 달라진다. 우리가 나이를 먹는 만큼 우리의 부모님도 늙는다. 그래서 부모님도 보살펴야 하고, 결혼하면 가정도 생각해야 하고, 아이를 가지면 자식도 양육해야 한다. 그런데 20대 때는 내가 책임져야 할 존재가 없다(물론 개인마다 삶이 다르겠지만 대체적으로).

20대는 뭐든지 주저 없이 도전할 수 있는 나이다. 제일 안 좋은 건, 고민을 오래하는 것이다. 주야장천 고민만 하고 있는 사람은 그 자리에 계속 있다. 하지만 행동으로 옮기는 사람은 벌써 도전하러 가고 없다.

내 경우, 생각을 오래 하는 거 자체를 싫어해서인지, 무슨 결정이든 짧고 깊게 고민해서 끝내버린다. 그래서 행동이 빠르다. 뭘 '해야지' 하면 이미 하고 있고, 어디 '가야지' 하면 이미 거기에 가 있다.

생각을 너무 오래하지 마라. 무엇인가 하고 싶단 생각이 들면 다음 날 그냥 바로 시작해라. 그걸 해도 될까 안 될까, 내가 할 수 있을까 없을까, 하면 잘될까 안될까 이런 생각하지 말고 그냥 해라. 일단 해보는 거다. 까짓것 해보고 아니면 그만이다. 왜? 20대 깡패니까.

내가 뭘 좋아하는지 몰라 고민이라면

"저는 제가 좋아하는 게 뭔지 잘 모르겠어요."

10대, 20대 중 간혹 이런 경우도 있다. 괜찮다. 자기가 좋아하는 게 뭔지 아는 사람보다 모르고 사는 사람이 훨씬 많다. **인생은 원래 죽을 때까지 자기가 좋아하는 거 찾으면서 사는 거다.**

지금이 100세 시댄데 그걸 꼭 20대 때 찾아야 한다는 법은 없지 않은가? 물론 일찍 찾는 사람도 있다. 연예인들처럼 어릴 때부터 자기가 좋아하는 일 찾아서 성공한 사람도 있다. 그런데 그건 아주 소수일 뿐이다. 그런 극소수의 사람들과 나를 자꾸 비교하면 안 된다.

자, 그렇게 비교만 하면서 상대적으로 우울해하지 말고, 차라리 내가 좋아하는 걸 적극적으로 찾으면서 살아보자! 좋아하는 음식이 뭔지 알려면 일단 모든 요리를 맛봐야 하듯이 인생에서도 내가 좋아하는 게 뭔지 알려면 일단 다양한 경험을 해봐야 한다.

가만히 있는다고 하루아침에 하고 싶은 것이 생기는 게 아니다. 젊을 때 경험을 많이 해야 하는 이유는, 한 살이라도 어릴수록 세상을 바라보는 편견이나 고정관념이 적어서 더 폭넓은 경험을 할 수 있기 때문이다. 그리고 그 경험이 또 다른 경험을 낳는다.

대학교 3학년 때 아르바이트를 해서 모은 돈으로 유럽 배낭여행을 갔다. 그러고 다녀온 여행 경험을 바탕으로 외교통상부 '해외안전여행 서포터스'가 됐다. 서포터스 활동을 하면서 전국에 있는 다른 대학교 학생들을 만났고, 그곳에서 친해진 친구들 소개 덕분에 또 다른 대외활동도 할 수 있었다.

경험이 경험을 낳고, 그 경험이 또 다른 경험을 낳고, 그런 경험들이 쌓여서 나라는 인간의 자산이 축적되는 것이다. 그러니까, 노는 것도 똑똑하게 놀아야 한다. 논다고 해서 아무것도 하지 않고 노는 건 (술 먹고 놀거나 집에 누워서 휴대폰만 보는 건) 그냥 시간만 흘려보내는 거지, 그건 노는 게 아니다.

시간이 아깝다. 우리 인생에 두 번 다시 오지 않을 20대다. 나도 20대 때는 내가 영원히 20대일 줄 알았다. 근데 그렇지 않더라. 그러니까 소중한 시간을 알차게 보내자. 30대, 40대 혹은 그 이후가 돼서 나의 20대를 돌아봤을 때, 후회하고 싶은가? 아니면 일말의 아쉬움도 없으면 하는가?

서른이 되었을 때 누가 당신에게 "넌 20대 때 뭘 했니?"라고 물으면 뭐라고 대답할 수 있겠는가? 20대 마지막 날에는 어떤 일기를 쓰고 싶은가? 다음은 내가 20대 마지막 날 쓴 실제 일기다.

> 내 인생에도 언젠가는 20대가 끝나는 날이 온다는 생각을 늘 했었지만, 막상 마지막 날이 되니 돌이켜보기 너무 소중해서 아쉬우면서도 다가올 나의 30대에 대한 기대감이 크다. 20살, 성인이 되어 부모님으로부터 경제적으로 독립해서 치열하게

공부하고 알바하고 놀고 일하고 여행했다.

인생에서 가장, 부모나 자식이 아닌 나 자신으로 오롯이 살 수 있는 시기가 아니었나 싶다. 내가 함께하고 싶은 사람들과 내가 가고 싶은 곳들을 가고, 그곳에서 행복하고 즐거운 시간을 많이 보냈다. 항상 부모님과 주변 사람들에게 감사하다. 그리고 내 인생을 내가 살 수 있음에, 내가 가진 것에 만족할 수 있음에, 건강한 육체와 정신을 가졌음에.

20대가 좋았던 이유는 20대가 가지고 있지 않은 것, 바로 '주저함' 때문이었다. 20대는 주저함이 없다. 인생이라는 여행에서, 일에 있어서든 사랑에 있어서든 나를 위한 것이든 남을 돕는 것이든 앞으로도 주저 없이 살고 싶다.

다가올 30대에도 수많은 선택과 상황이 나에게 오겠지만 지치지 않는 행동으로 세상을 사랑할 줄 아는 사람이 되어야지. 언제나 자유로울 것, 독립적일 것, 인생을 즐길 것!

나처럼 20대를 후회 없이 보내고, 29살의 마지막 날을 미련 없이 장식하고 싶다면, 지금이라도 하고 싶은 일들을 나열해서 하나씩 지워나가라. 놀랍게도 눈 깜짝할 사이 30대가 될 것이다.

깡패는 조급해하지 않는다

20대 때는, 남한테 좋아 보이는 삶 말고 내가 좋아하는 삶을 꿈꿔라. 내 인생에선 내 선택이 답이다. 다른 사람 쳐다볼 필요 없고 다른 사람 말 들을 필요도 없다. 부모 말도 듣지 마라. 나도 부모님이 옛날부터 안정적인 게 최고라며 공무원 하라고 '공무원' '공무원' 노래를 부르셨다.

그런데 부모님께 죄송하지만 나는 그 말을 한 번도 들은 적이 없었다(주변 사람 백 명한테 물어봐도 나는 공무원 체질이 아니라고 하는데 부모님은 왜 그러셨는지 모르겠다). 20대는 깡패답게 살면 된다. 조급해하지도 마라. 깡패가 조급해하는 거 본 적 있는가? 절대 조급해하지 말고, 하고 싶은 거 하면서 하루하루 보람차고 재미지게 살아라. 인생에 다신 오지 않을 젊음을 후회 없이 보내자.

직장생활을 즐겁게 만드는 비결

직장인 100명에게 물으면 90명은 회사 일이 재미없다고 말한다. 돈 벌려고 억지로 다니는 곳이 회사 아니던가. 그래서 회사에서는 대충 시간 때우면서 월급 받는 만큼만 일하고, 회사 밖에서 취미생활로 인생의 즐거움을 찾으려고 한다. 그런데 그렇게 하면, 결코 즐거운 인생이 될 수 없다. 우리는 하루 대부분의 생산적인 시간을 직장에서 보내기 때문이다.

직장에서 빈껍데기로 있으면 여가 시간에 아무리 대단한 취미활동을 한다고 한들 그것이 충족되지 않는다. 하루 24시간을 뜯어보면 8시간은 잠을 자는 데 쓰고, 8시간은 일하고, 나머지 8시간이 여가 시간이다(잠을 줄여서 여가 시간을 더 갖기도 하고, 일을 더 하기도 한다). 그런 하루하루가 모여서 수십 년의 인생이 된다. 그렇기 때문에 직장에서 즐겁지 않으면, 인생의 3분의 1을 불행하게 보내는 것이 된다.

자는 시간을 제외하고 깨어 있는 시간만 보면, 인생의 절반이 불행한 삶이 되는 것이다. 그나마 워라밸이 지켜지는 직장이야 반반이지, 일하는 시간이 더 긴 경우엔 절반 이상이 불행한 셈이다. 따라서 우리는 인생의 상당한 시간을 보내는 직장, 일터에서 어떻게든 즐겁게 일해야 한다!

어느새 10년 차 직장인이 된 나의 경우에는, 직장생활을 학교생활만큼 재밌게 하고 있다. 학교에서는 공부로 배우는 것이 있었고, 직장에서는 일하면서 배우는 것들이 많은 것 같다. 학교는 돈을 내가면서 다니는데 회사는 돈을 받고 다니니, 어찌 보면 학교생활보다 더 꿀이다. 나는 직장 선배로부터 회사생활의 최대 목표는 '즐거움'이 되어야 한다는 걸 배웠다. 그분이 늘 말씀하셨다.

"즐겁게 하자. 무조건 즐겁게! 회사생활 즐겁게 하는 거 어렵지 않다. 결국은 내가 하기에 달렸다."

회사생활을 즐겁게 하는 방법 1.
상사 욕하지 말자

회사에 다니다 보면 상사 욕하느라 바쁜 사람 꼭 있다. 상사가 그렇게 싫으면 욕할 시간에 이직 준비를 해라. 당신이 욕하는 상사도 어쨌든 상사인 이유는 당신보다 뭐라도 잘났기 때문에 더 높은 자리에 있는 것이다.

회사 욕도 마찬가지다. 당신이 다니는 회사의 수준이 곧 당신 수준이다. 회사 욕은 결국 누워서 침 뱉기다. 자기 능력이 그 정도밖에 안 돼서 그 정도 회사밖에 못 다닌다고 광고하고 다니는 거랑 뭐가 다른가. 회사가 마음에 안 들면 그렇게 툴툴거릴 시간에 몸값 올려서 더 좋은 회사를 가든지. 안 그럴 거면 조용히 입 닫고 다니든지.

우리가 할 수 있는 건 둘 중 하나다. 상황을 바꾸든지, 나를 바꾸든지. 나는 도저히 여기 있을 인재가 아니라고 생각되면 그만두고 다른 회사를 가면 되고, 그게 아니라 계속 다닐 거면 만족하며 다녀야 한다. 이도 저도 아니면서 계속 그런 부정적인 정신 상태로 회사 다닐 거면, 차라리 지금 들어오고 싶어도 못 들어오고 있는 취업 준비생들한테 그 자리 양보해야 한다.

회사생활을 즐겁게 하는 방법 2.
한숨 쉬지 말자

한숨은 사소한 행위지만 조직 분위기에 악영향을 끼친다. 하품만큼 전염이 잘 되는 게 한숨이다. 한 사람이 한숨을 쉬면 주변 사람들까지 다 기운이 빠진다. 사무실은 나 혼자 일하는 공간이 아니다. 본인은 별 의미 없이 무의식적으로 내뱉은 거라도, 옆에 있는 사람은 '얘가 무슨 일이 있나?' 하고 눈치를 보게 된다.

한 공간에 누구와 단둘이 있는데, 상대방이 계속 한숨을 푹푹 쉬면 어떤가? 나까지 기분이 가라앉는다. '이 사람이 지금 짜증 나서 이러나?' 신경이 쓰인다. 여기서 말하는 한숨은 긴장을 풀기 위해 깊게 내쉬는 심호흡이나 안도의 한숨이 아닌, 그냥 습관적으로 푹푹 내뱉는 한숨이다. 항상 한숨을 쉬는 사람들이 있는데, 그건 습관이다. 가장 안 좋은 습관! 땅이 꺼져라 한숨 쉬다간 인생이 꺼질 수 있으니 조심해라.

사실 직장에서 일이 잘 안 풀릴 땐 한숨이 나오기 마련인데, 나의 동료들을 보면 일하다가 문제가 생기면 짜증을 내는 게 아니라 웃곤 한다. 사무실 분위기가 항상 밝은 이유가 이건가 싶었다. 웃음으로 승화시키는 것이다.

안 좋은 일도 재밌는 일로 바꾸는 마법이 있는데, 그것이 바로 '유머'이다. 무언가 안 좋은 상황이 발생했을 때 남한테 짜증을 내면서 이야기하는 게 아니라, 비유를 해서 유머를 치는 것이다. 그렇게 하니 분위기가 심각해지지 않고 웃어넘기게 되었다. 무슨 일이 터져도 그 상황을 즐기게 된다. **'회사생활에 또 하나의 에피소드가 추가되었구나.'** 하면서 말이다.

회사는 사람들이 모여 있는 유기적인 조직체다. 한 사람 때문에 분위기가 좋아지기도, 안 좋아지기도 한다. 내가 혹시라도 우리 팀, 우리 조직의 분위기를 해치고 있진 않는지 항상 생각해야 한다.

가정에 무슨 문제가 있다고 해서 그 근심을 회사까지 끌고 오면 안 된다. 개인적으로 안 좋은 일이 있다고 해서 그 울분을 회사에서 풀면 안 된다. 그러면 '프로'가 아니다. 회사생활을 잘 하려면 스스로를 잘 통제할 줄 알아야 한다. 친절함도, 결국에는 내가 기분이 좋고 내 컨디션이 좋아야 다른 사람한테 기분 좋은 에너지가 나갈 수 있는 것이다.

회사생활을 즐겁게 하는 방법 3.

직장이 있음에 감사하자

직장생활을 즐겁게 하는 법은 직장이 있음에 감사하는 것부터 시작한다. 직장은 감사한 곳, 직장은 내가 돈을 벌 수 있는 곳이다. 내 경우, 월요일 아침 출근을 할 때마다 회사 정문을 통과하면서 '직장이 있음에 감사합니다.'라고 항상 생각한다.

우리가 만약 직장이 없으면 어떡할 것인가. 내일부터 회사를 못 나간다고 가정하면, 당장 다음 달 월급이 안 들어오는데 어떻게 생활할 것인가. 나를 바라보는 식구들이 있으면 큰일이지 않은가.

우리의 안정적인 삶을 지탱해주는 게 바로 직장이다. 당신이 지금처럼 가족과 시간을 보내고, 친구들과 시간을 보내고, 함께 맛있는 음식을 먹을 수 있는 것도 다 직장이 있어서 가능한 일이다. 그러니 회사생활을 계속할 거라고 한다면, 지겹다고만 생각하지 말고, 회사생활의 혜택을 잘 누리자.

회사생활을 즐겁게 하는 방법 4.

회사에 본받고 싶은 롤 모델을 만들자

적게는 몇십 명, 많게는 몇백 명의 인생 선배를 만날 수 있는 곳이 바로 직장이라고 생각한다. 직장에서 내가 본받고 싶은 롤 모델을 한 명 정해보자. 아무리 찾아도 롤 모델로 삼을 만한 사람이 없다면, 여러 사람을 섞어라.

장점만 있는 사람도 없고 단점만 있는 사람도 없다. 사람은 다 장단점이 있기 때문에 단점은 버리고 장점만 배우면 된다. 이 사람 저 사람 장점만 모아서, 내가 한번 따라 하려고 해보자. 그렇게 하다 보면 그 장점들을 닮으면서 나도 얻는 게 생기고, 회사생활을 하면 할수록 스스로 발전하게 될 것이다.

우리가 5년, 10년, 길게는 20년, 30년 회사를 다닌다고 생각해보자. 직장생활 하는 동안 내가 아무런 발전이 없으면, 퇴직할 때 남는 게 하나도 없을 것 아닌가. 그럼 인생에서 그 긴 세월을 통째로 날려버린 게 된다. 대학생활 4년을 후회 없이 보내듯이 그보다 훨씬 긴 직장생활도 있는 동안 후회 없이 즐기자.

나태지옥에서 벗어나는 자기 관리법

"퇴근하면 쉬어야 하는 거 아니야?"

출근과 퇴근만 반복하는 직장인 친구들이 하는 말이다. 퇴근하고 집에 오면 TV를 틀어놓고 소파에 누워 하염없이 보다가 잠든다. 그러고 다음 날 똑같이 출근했다가 퇴근하고 집에 와서 동일한 일상을 반복한다. 그렇게 주중을 보낸 뒤, 주말에도 침대에서 뒹굴다가 늦게 일어난다.

대부분의 직장인들은 이것을 '쉼'이라고 표현한다. 하지만 내가 보기에 그것은 지나친 휴식일 뿐이며 나태함의 전형이다. 무기력한 마인드에 빠져 빈둥빈둥 시간을 보내고 있으면서 '잘 쉬고 있다'고 합리화하는 것이다. 이것은 자신의 몸을 방치하는 것과 다름없다.

나태함은 모두에게 잠재되어 있다. 의욕 없이 축 늘어지는 시기는 누구에게나 온다. 하지만 그 시기를 찰나의 순간으로 극복하는 사람이 있는 반면, 그런 생활 패턴으로 평생 살아가는 사람이 있다. 후자의 경우, 우리가 흔히 말하는 '나태지옥'에 빠진다.

영화 〈신과 함께〉에서 나태지옥은 인생을 최선을 다해 살지 않고 게으르게 놀고먹거나 무의미하게 허비한 사람들이 떨어지는 곳이다. 현생에서 나태하게 살았던 죄로, 저승에서 쳇바퀴처럼 굴러오는 커다란 기둥을 피해 쉴 새 없이 뛰어야 하는 벌을 받는다. 죽고 나서 그렇게 열심히 뛰면, 살았을 때 치열하지 못했던 게 얼마나 후회가 될까?

무기력할 때는 마음이 아니라 몸부터 살펴라

'나 요즘 왜 이렇게 만사가 귀찮고 무기력하지?'

이런 생각이 든다면 현재 당신의 건강 상태부터 의심해봐야 한다. 무기력증은 얼핏 보면 마음의 문제에서 오는 것 같지만, 들여다보면 몸이 고장 나서 생기는 현상이다. 몸과 마음은 연결되어 있다. 컨디션이 안 좋으면 기분도 다운된다. 그래서 건강이 좋지 않을 때 나태의 굴레에 잘 빠진다.

건강 관리를 안 해서 살이 찌면 몸이 둔해지고, 몸이 둔하면 움직이기가 싫어지고, 잘 움직이지 않으니 체력은 더 떨어지고, 결국 몸이 안 따라줘서 아무것도 하기 싫은 상태가 되는 것이다. 그러므로 나태함에서 벗어나기 위해서는 하루빨리 육체를 움직여야 한다.

나도 코로나 이후 잠깐 무기력증이 왔었다. 퇴근 후 책상에 앉으면 내 의지와 상관없이 잠이 쏟아져서 일이 손에 안 잡혔고, 아무리 오랜 시간을 자도 피로가 해소되지 않았다.

"그거 체력이 안 좋아서 그런 거래요."

회사 여자 후배가 자기도 요즘 그렇다면서, 같이 수영 다니면서 체력을 길러보는 게 어떻겠냐고 했다.

"나 수영할 줄 모르는데…"

"저도 할 줄 몰라요. 이참에 배워보는 거죠!"

수영을 전혀 할 줄 몰랐던 우리는 호기롭게 아침 6시 초급반 강습을 등록했다. 프로 갓생러들만 한다는 새벽 수영을 시작하게 된 것이다. 7시 반에도 겨우 일어나 출근하던 내가 5시 20분에 기상해 수영을 가는 것이 처음엔 여간 쉽지 않았다.

새벽에 눈 떠서 침대에서 몸을 떼는 것부터가 힘들었다. 하지만 그 순간을 극복하고 벌떡 일어나는 습관을 들이고 나니, 어느새 내 몸은 새벽마다 수영장으로 향하고 있었다. 비가 오는 날이나 추운 겨울날에도 굴하지 않고 참석하는 소수 회원 중 한 명이 되었다.

모두가 잠든 컴컴한 시간 수영장으로 향할 때, 차가운 물이 점차 덥게 느껴질 만큼 온몸에 열을 내며 헤엄칠 때, 수영 후 씻고 나와서 상쾌한 기분으로 하루를 시작할 때 말로 표현하기 힘든 희열이 느껴졌다. 코로나로 무기력해졌던 나의 주중 일상은 수영을 다니면서 완전히 바뀌었고 삶의 의지도 다시 살아났다. 전에는 출근을 위해 억지로 눈을 떴다면 이제는 건강한 하루를 생각하며 기분 좋게 기상했다.

아침에 운동을 하고 출근하면 지칠 것 같았지만 오히려 뭔가 더 잘 해보고 싶은 의욕이 생겼다. 체력도 점점 올라오는 게 느껴졌다. 어느 날부턴가 5시간만 자도 몸이 피곤하지 않았다. 수면 시간이 줄었지만 눈은 더 초롱

초롱해졌다. 출장 등으로 수영을 못 간 날에는 오히려 몸이 처지는 느낌이 들었다.

'나 아침잠 많은 거 아니었구나?'

새벽에 수영을 다닌 지 만 1년이 되던 날 문득 깨달았다. 아침 늦게까지 자는 건 나태함이 만든 습관이었을 뿐, 나라는 사람도 일찍 일어나서 운동까지 할 수 있는 사람이었던 것이다.

나를 성장시키는 매일의 운동

"자도, 자도 피곤해요."

"피곤해서 운동할 힘이 없어요."

8시간, 9시간을 넘게 자도 피곤한 사람은 건강이 좋지 않기 때문이다. 체력을 키워야 한다. 대체로 **몸이 힘들다는 핑계로 운동을 미루지만, 운동을 미뤄서 몸이 힘들어진다는 생각은 안 한다.** 운동을 하면 노인도 청춘이고, 운동을 하지 않으면 청춘도 노인이다.

운동하는 사람은 늘 활기찬 에너지를 갖고 있어서 무기력해질 틈이 없다. 규칙적인 운동은 호르몬 건강에도 긍정적인 영향을 미친다고 한다. 운동은 우리의 인생을 어떤 식으로든 좋은 방향으로 끌고 간다. 운동을 통해 몸이 강해지면서 신체 콤플렉스를 극복하고 자존감이 올라가는 사람도 있지 않던가.

귀차니즘과 무기력증으로 나태지옥에 가기 일보 직전인 젊은이들아, 하루빨리 내가 할 수 있는 운동을 찾아서 시작해라. 그리고 습관이 될 때까지 계속해라. 현대인이라면 자신이 평소 매일 하는 운동이 최소 1개 이상은 있어야 한다.

여기서 강조하고 싶은 건 '꾸준히' 해야 한다는 것이다. 꾸준히 해야, 체력이 좋아지고 건강이 유지된다. 바디프로필 그 사진 한 장이 중요한 게 아니라, 헬스를 꾸준히 해서 언제든지 자랑할 만한 건강하고 멋진 몸을 유지하는 게 더 중요하다. 운동을 뭐 세 달 하고 말 거 아니고, 여섯 달 하고 말 것도 아니지 않은가. 평생토록 이어서 할 수 있는 운동을 찾아서 취미로 만들어라. 취미로 즐기는 운동은 건강을 위한 보험이고, 그게 바로 현명한 젊은이의 자기 관리다.

거창한 운동이 아니어도 된다. 만약 시간을 내서 운동할 여건이 안 된다면, 일상생활 중에 몸을 움직이자.

아침에 눈 떠서 10분 스트레칭하기, 점심시간에 5천 보 산책하기, 엘리베이터 대신 계단 이용하기, 지하철 한 정거장 일부러 걷기, 양치하면서 스쿼트하기 등 틈새 시간을 활용한 운동법은 많다. 어떤 방법이든 나태지옥으로 빠지지 않을 생산적인 생활 습관을 몸에 체득하는 게 중요하다.

우리가 자기 관리를 하는 이유는 뭘까? 가령 어느 집에 물을 퍼 올리는 기계가 있다고 하자. 그 기계의 임무는 매일 물을 길어 올리는 것이다. 그럼 집주인이 그 기계를 관리하는 이유는 무엇일까? 기계가 고장 나면 물이 끊겨서 아무것도 못하니까 그런 상황이 오지 않도록 대비하기 위해서다. 기계를 수시로 점검해서 고장 안 나게 관리하고, 만약 고장 날 때를 대비해서 예비 부품을 미리 준비해놓는다.

우리가 건강 관리를 하는 이유도 마찬가지다. 몸이 고장 나면 아무것도 못하니까, 평상시에 꾸준히 운동하고 영양제를 챙겨 먹으면서 항상 관리를 하는 것이다. 문제없는 일상을 살기 위해서, 내가 하는 일에 지장을 주지 않기 위해서 항상 내 몸을 정상적인 상태로 유지하는 것이다.

건강 관리는 어느 시점이 되면 시작하는 게 아니라 한 살이라도 어릴 때 시작해야 한다. 몸이 망가지면 인생 시계는 멈춘다. 우리가 재테크를 하고 투자를 해서 진짜로 부자가 된다고 한들, 병원에 누워만 있으면 그게 다 무슨 소용이겠는가? 건강이 최우선이고 건강을 유지하는 게 돈을 버는 거다.

올해 먹지 않을 음식을 한 가지 정해보자

자고로 건강에 도움이 되면서 돈 안 드는 짓은 모두 하고 살아야 한다. '금연'과 '금주'는 물론이고, '밀가루 섭취 줄이기'처럼 단순히 나의 노력만 들 뿐 돈이 들지 않는 방식은 다 해야 한다. 나는 해마다 버킷리스트를 작성할 때 가장 상단에 '올해 안 먹을 음식'부터 적는다.

'올해는 이걸 안 먹겠다!' 하는 특정 음식을 정해서 일종의 '무섭취 챌린지'를 하는 것이다. 주로 내가 무심결에 먹는 음식 중 건강에 안 좋은 음식 하나를 골라서 1년간 다른 건 몰라도 이건 안 먹겠다고 다짐한다. 맨 처음 도전했던 건 탄산음료였다.

어느 날 회식자리에서 사이다를 너무 많이 마시고 있는 나 자신을 발견했다. 술을 안 먹다 보니 건배를 할 때마다 나도 모르게 사이다로 대신했던 것이다. 차라리 술을 마시지 설탕물은 아니다 싶어 탄산을 끊기로 한 뒤로 물만 마셨다. 그렇게 하니 그 해 정말로 탄산음료를 한 번도 안 마시는 데 성공했다. 그리고 그 계기로 탄산음료를 아예 끊어서 현재까지도 마시지 않고 있다.

신기하게 1년 동안 안 먹다 보면 그게 습관이 돼서 그 해가 지나고 나서도 안 먹게 된다. 이 신박한 챌린지는 예전에 여행 중 만난 리투아니아 친구에게서 힌트를 얻었다. 또래였던 그녀와 밥을 먹으러 갔는데, 그녀가 자기는 지금 자체적으로 베지테리언 기간 중이라서 내년 생일까지는 이거, 이거, 이거를 못 먹는다고 했다.

"자체 베지테리언?"

그게 무슨 말인가 싶어 물으니, 자기는 매년 생일이 되면 다음 생일이 올 때까지 1년 동안 챌린지를 하는데, 이번 챌린지는 베지테리언으로 살기를 해서, 내년 생일까지는 베지테리언 음식만 먹을 예정이란 것이었다. 좋은 방법이라고 생각한 나는 그녀를 따라 (생일날 대신 새해를 기준으로) 챌린지를 하게 된 것이다.

이것을 확장하여, 꼭 음식이 아니더라도 건강에 안 좋은데 내가 맨날 하는 습관 같은 것들이 있으면 그걸 목표로 잡아도 좋다. 예를 들면 '화장실에 오래 앉아있는 것', '다리 꼬고 앉는 것' 같은 것들을 'Not To Do List'에 넣고 일 년 동안 안 하려고 노력하는 것이다.

습관은 우리를 평생 따라 다닌다. 좋지 않은 습관을 계속 가져가는 것은 나이 들어 내 몸을 골병들게 만드는 지름길이다. 이렇게 의무적인 장치를 만들어서라도 하나씩 줄여 나가기 위해 노력하면 도움이 될 것이라고 믿는다.

어떤 인생을 살든 놓치지 말아야 하는 것, 건강

모든 경험과 성공은 튼튼한 몸에서 시작된다. 돈과 시간이 많아도 건강하지 못하면 갈 수 없는 곳, 할 수 없는 것들이 많다. 산속의 맑은 공기도 체력이 좋아야 올라가서 맡을 수 있고, 구경거리 가득한 여행지도 두 다리가 멀쩡해야 갈 수 있다.

이것뿐일까. 앞으로 우리 인생에 다가올 많은 기회들

도 체력이 받쳐주지 않으면 누리지 못한다. 꿈꾸던 일을 할 기회가 눈앞에 주어졌는데 몸이 약해서 못하는 것만큼 억울한 게 어디 있겠는가.

나 같은 경우 가끔 달 보고 소원을 빌거나, 산소에서 절할 때나, 생일 케이크 촛불 불 때 소원으로 비는 게 정해져 있다. '성공하게 해주세요.' '부자 되게 해주세요.' 이런 게 아니라, '우리 가족과 내 주변 사람 모두 사고 없이 오래오래 건강하게 해주세요.'라고 간절히 바란다.

건강만 하면 우리는 뭐든지 할 수 있다. 건강만 하면, 돈도 많이 벌 수 있고 성공도 할 수 있다. 그러니 항상 스스로 건강한 몸과 마음을 우선으로 챙기자!

장고 끝에 악수 둔다

"할걸."

"하지 말걸."

"살걸."

"팔걸."

껄껄껄. 갈수록 '껄무새'들이 늘고 있다. 고민만 하다가 놓치고 뒤늦게 앵무새처럼 후회하는 사람들 말이다. '껄껄껄'은 웃을 때 내는 소리인데 언제부터 후회할 때 내는 소리로 바뀌었는지. 왜 다들 고민만 하다가 대학원에 갈 기회를 놓치고, 고민만 하다가 청약을 넣어보지도 않고 포기하고, 고민만 하다가 주식 잔고를 결국 파란색으로 만드는지 모르겠다. 후회만 하다가 인생을 마무리하고 싶은 거가?

　우물쭈물 꾸물대다 보면 하루의 해가 저물고, 한 해가 저물고, 그러다 인생 저무는 날이 온다. 그때 되면 죄책감과 아쉬움만 밀려올 것이다. 우리가 왜 껄무새가 되는지 아나? 어떤 일을 앞에 두고 생각을 너무 오래 하기 때문이다. 바둑 용어 중에 '장고 끝에 악수 둔다.'는 말이 있다. 장고長考(긴 생각) 끝에 악수惡手(나쁜 수)를 놓는다는 뜻이다.

　이상적으로는 오래 생각해서 내린 결정이 가장 합리적이고 완벽해야 하지만 오히려 최악의 선택일 때가 많다. 한 가지 생각에 너무 오래 사로잡히면 본래의 흐름을 망각하기 쉽고, 집중력이 떨어져 판단력이 흐려지기 때문이다. 어떨 땐 생각만 하다 지쳐서 '아이고, 마 안 할란다!'가 돼버리기도 한다.

　바둑에는 '초읽기'라는 게 있다. 대국에서 각자 쓸 수 있는 시간이 정해져 있는데, 기본 제한 시간이 지나면 초읽기에 들어간다. '하나, 둘, 셋, 넷, 다섯…' 60초의 타이머가 끝나기 전에 무조건 다음 수를 둬야 한다. 그러지 않으면 패한다.

　어릴 적 바둑을 두다 보면 꼭 마지막 초읽기까지 몰려

야 착수를 하는 상대가 있었다(나는 초등학교 때 장래 희망이 프로바둑기사였다). 그러면 나는 속으로 '헤매지 말고 그냥 첫 느낌대로 두세요.'라고 외쳤다. 인생의 선택도 마찬가지다. 때로는 직관에 따라 빠른 실행을 하는 게 정답일 때가 있다.

삶은 어떤 조건에도 끝내 건너가야 할 여행이다. 여러 가지 앞일을 따지기 시작하면 끝도 없다. 일어나지 않은 일을 상상하는 것만큼 의미 없는 짓도 없다. 가수 최자의 노래 〈껄무새〉 가사처럼 후회하지 않으려면 고민만 하지 말고 '덤벼라'. 망설이다 시기를 놓친다. 뭐든지 될 것이라 생각하고 시작해야 한다. 된다고 생각해도 될까 말까인데, 안 된다고 생각하면 될 확률은 0에 가까워진다.

자신의 능력을 믿으면 된다. 나신교가 되자. 내가 믿는 존재는 오로지 나 자신뿐이다. 나 자신만 믿고 직진해라. 그래야 아쉬움 없이 살다 갈 수 있다.

4
장

밀도 있는
삶의 비결

_____

나는 오래 말고
'많이' 살고 싶다

"나는 오래 말고 많이 살고 싶다."

예전 직장 상사가 하셨던 말이다. 지금은 다른 회사로 가셨지만 한때 내가 팀장으로 모셨던 그분은 늘 새로운 시도와 도전을 멈추지 않았다. 우리는 회식 자리에서 회사 이야기보다는 인생 이야기를 많이 나눴다. 그분은 '인생은 길이가 아니라 밀도'라면서 얼마나 오래 사는가보다는 얼마나 밀도 있게 사느냐가 중요하다고 하셨다. 그것이 '진짜로' 사는 거라며 말이다.

나는 전적으로 동감했다. 아무리 오래 살아도 텅 빈 인생을 사는 사람, 그리고 남보다 덜 살아도 위대한 업적을 남기고 가는 사람이 있다면 후자가 더 의미 있는 삶일 거라고 생각했다. 내가 신입사원일 때 회사 업무용 수

첩을 받자마자 맨 앞 속표지에 적었던 문구가 있다.

> Some people die at 25 and
> aren't buried until 75.
> (어떤 사람들은 25살에 이미 죽어버리는데
> 장례식은 75살에 치른다.)

100달러 지폐에 있는 인물이자 미국 건국의 아버지 벤자민 프랭클린^{Benjamin Franklin}이 한 말로, 세상에는 이미 죽어있는 삶을 사는 사람이 많다는 의미다. 마침 25살에 입사를 했던 나는, 사회인이 되자마자 죽기는 싫어서 입사 후 가장 먼저 이 다짐부터 했던 것 같다.

나는 언제나 '살아있음'을 느끼며 살고 싶었다. 세월 따라 나이만 먹는 건 몸뚱어리만 연명하는 생존일 뿐이다. 진정한 삶은 다채로운 행적들로 채워가는 것이다. 만약 의미 있게 사는 게 삶이라면, 당신은 현재 살아있는가? 아니면 죽은 채로 살고 있는가?

삶의 밀도를 높여주는 경험은 따로 있다

나는 경험을 통해 내가 살아있음을 실감하는 편이다. 경험 스펙트럼이 넓어질수록 나 자체가 더 성숙해지는 느낌을 받기 때문이다. 내가 좋아하는 시인이자 여행가인 류시화 작가님의 에세이 《좋은지 나쁜지 누가 아는가》에도 이런 구절이 나온다.

"경험을 통해 스스로 가짜와 진짜를 알아보는 눈을 갖는 일은 어떤 조언보다 값지다. 직접적인 경험을 통해 자신의 판단력을 갖게 된 사람은 남을 의심하거나 절망하느라 삶을 낭비하지 않는다."

나도 이 말에 공감한다. 인생의 내공은 실전 경험에서만 우러나온다. 경험하지 않고서는 그것에 대해 깊게 이야기할 수 없는 법이다.

경험을 많이 하고 사는 것이 바로 인생을 밀도 있게 사는 것이다. 똑같은 기간을 살더라도 경험을 많이 한 사람이 사물의 이치를 더 빨리 깨닫는다. 좋은 경험이든 나쁜 경험이든 사람은 경험을 많이 해야 한다. 좋은 경험만 하면 당연히 기쁘겠지만, 나쁜 경험도 지나고 보면 그걸 통해 배우는 게 있기 때문에 결코 나쁜 경험이라고 결론

지을 수 없다. 경험을 편식 없이 골고루 향유하는 사람은 세상을 사랑할 줄 안다. 그들에겐 우주 만물이 놀이터다.

우리는 시행착오를 겪으며 잘하는 게 늘어간다. 무슨 일이 생기면 주변 어른의 의견을 묻거나 부모님께 조언을 구하는 이유도, 우리보다 더 많이 사신 분들이 시행착오를 거듭한 경험이 많을 테고, 삶의 지혜도 더 많을 거라고 생각하기 때문이다.

그렇다면 구체적으로 어떠한 경험이 우리 삶의 밀도를 채워줄까? 최근 젊은 층을 대상으로 진행된 한 조사에서 '파인 다이닝, 오마카세 등의 레스토랑에 방문하는 것은 나의 경험의 폭을 넓힌다.'에 '그렇다'고 응답한 비율이 72.7%인 것을 보았다.

요즘 MZ세대 사이에서 호캉스, 오마카세, 파인 다이닝 등이 필수코스라고 하는데, 이런 소비를 다 '경험'이라고 생각한다니 놀라웠다. 내가 보기엔 그저 경험을 평계로 '허세 인플레이션'에 동참하는 걸로 밖에 안 보이는데 말이다.

레스토랑 창업을 할 것도 아닌데 파인 다이닝에 가는 게 무슨 도움이 되는 경험일까? 그건 경험이라고 할 수 없다. 돈만 있으면 할 수 있는 일이다. 돈만 주면 누구나 할 수 있는 짓을 해놓고 "경험했다."라고 자랑하면 안 된다.

진정한 경험은, 단순한 소비를 넘어 깨달음을 얻거나 지식 또는 기술을 축적하는 것이다. 특히 **고난과 역경을 마주했을 때 포기하지 않고 부딪쳐서 끝까지 해낸 경험, 실패에 아파도 굴하지 않고 계속 도전하여 끝내 성취를 이뤄낸 경험 등 '극복'을 통한 '성장'이 있는 게 2030이 주목해야 할 진짜 경험자산이다.**

어디 가서 돈 쓴 건 절대 자랑이 못 된다. "나 이런 힘든 일을 겪어 봤어!" "나 이런 어려움도 극복해봤어!" "나 이런 고난도 견뎌냈어!" 하는 스토리들이 자랑거리가 되어야 한다. 나는 2030 젊은이들 모두가 이런 '진짜 경험'을 좋아하는 어른이 되었으면 좋겠다.

때로는 좌절도 즐길 줄 알아야 한다. 좌절 구간이 있어야 성공 스토리가 더 빛난다. 어차피 인생은 가까이서 보면 비극이고 멀리서 보면 희극이다. 나의 일도 나의 일이 아닌 것처럼 한발 물러서서 보면 언젠간 웃고 넘길 이야기가 된다. 무엇 때문에 힘들었던 경험, 어떤 일로 좌절했던 경험, 그 모든 힘듦과 좌절을 극복한 경험들을 달게 모으자. 죽지 않을 정도로 힘든 일은 우리를 더 강하게 만든다. '견딤'을 통해 인격이 단련되기 때문이다.

남들 다 하는 경험 < 나만의 경험

내 경험의 희소성이 높을수록 삶의 농도는 짙어진다. 남들 다 가는 단조로운 길만 걸어온 사람보다 남들이 가지 않는 변화무쌍한 길을 헤쳐 온 사람이 자서전에 쓸 내용이 더 많다. 우리는 이미 구직 활동을 할 때 '자소설'을 쓰며 느껴보지 않았던가. 남들은 겪지 않은 나만의 경험이 있어야 자기소개서의 내용을 더 풍성하게 채울 수 있다는 것을!

모두가 다 하는 경험은 재미없다. 소셜 미디어에서 수백 번씩 본 곳에 다녀왔다는 애기는 누가 들어도 흥미가 없다. 유행하는 경험보다는 독특한 경험, 흔한 경험보다는 신기한 경험을 많이 해야 한다. 남들이 안 가본 길을 가고, 남들이 안 먹는 걸 먹고, 남들이 안 하는 여행을 해라. 그리해야 더 '넓고' 더 '깊은' 인생이 된다.

취미생활은
또 하나의 우주다

2019년 12월 상해 여행을 앞두고 중국어 회화 실력 향상을 위해 중국어 멘토링을 구했다. 일주일에 한 번 퇴근 후 카페에서 중국인 선생님을 만나 2시간씩 회화 연습을 했다. 회사 다니며 여가 시간에 중국어 공부를 해왔던 터라 2018년에 이미 HSK 4급(중국어 능력 시험 기초)까지는 취득한 상태였다.

나는 중국어를 말 그대로 그냥 '취미'라 생각하고 했다. 중국뿐 아니라 세계 어느 나라를 가도 중국어 사용 인구는 많으니까, 여행 가서 친구를 사귈 때 써먹을 정도만 돼도 좋겠다는 생각으로 배우기 시작했다. 그런데 과외 선생님이 어느 날 나에게 띵언을 해주셨다.

"중국어를 취미로 대충하지 말고 진지하게 해보세요."

아무리 취미라도 너무 가볍게 생각하지 말고 이왕이면 진지한 마음으로 해보라는 거였다. 그러면 같은 시간을 들여 공부해도 훨씬 더 잘하게 될 거라면서 말이다.

"중국어를 진지하게 해서 나중에 높은 수준이 되면, 어딘가에서 시급 받고 통역을 하게 될지 누가 압니까? 취미가 돈이 될 수도 있는 겁니다. 사람은 재간을 가지고 있어야 해요. 인생은 리허설 없는 생중계입니다. 내일 당장 직장을 잃어도 밥 벌어먹을 수 있는 재간이 있어야 해요. 그게 무엇이든, 하다못해 운전을 잘하면 운전기사를 할 것이고 요리를 잘하면 식당을 할 수 있겠지요."

이 말을 들은 나는 정신이 번뜩 들었다. 그 순간부터 중국어 학습은 물론 모든 취미를 대하는 나의 태도를 바꿨다. 어중간하게 10년 하면 영원히 취미에서 끝나고, 진지하게 10년 하면 직업이 될 수도 있을 것 같았다. 취미가 '전문 분야'가 될 수도 있는 것이다.

취미를 무기로 만드는 법
취미는 한 사람의 정체성을 가장 잘 나타내는 요소다. 자신에게 잘 맞는 좋은 취미를 오래 즐기다 보면 그

취미가 나를 대표하는 하나의 아이콘이 되고, 그 자체로 '퍼스널브랜딩'이 되기도 한다. 온라인에서 각자의 취미를 마음껏 공유하고 다양한 취미를 접하는 게 활발해지면서 오늘날 많은 인플루언서들이 탄생했다.

취미만 잘 살려도 누구나 '셀럽'이 될 수 있는 세상이다. 내가 아는 친한 동생은 여가 시간에 좋아하는 일을 하며 부수입을 번다. 본업은 은행원이지만 평소 빈티지를 너무나도 사랑하는 소녀다('빈'티지 '신'이라며 자칭 '빈신'이라고 부를 정도다).

그녀는 자신이 좋아하는 스타일로 집 안을 빈티지 카페처럼 꾸몄다. 오로지 자기만족이고 자신의 행복이었다. 그런데 어느 날 다른 사람들도 우리 집을 봤으면 하는 마음에 집안 곳곳을 찍어 인스타그램에 올리기 시작했다. 좋아요와 댓글 수에 관계없이 꾸준히 사진을 올렸다.

어떻게 하면 더 예쁘게 담을 수 있을까 하는 고민을 계속하다 보니 소품 배치, 사진 구도, 색감 조절 감각이 늘었다. 그 과정이 시간 가는 줄 모르게 재밌어서 평일 새벽, 주말 아침 할 것 없이 피곤한 줄도 모르고 집을 꾸

떴다고 한다. 그렇게 몇 년을 꾸준히 하다 보니, 점점 좋아요가 늘고 팔로워가 늘면서 어느새 브랜드 협찬까지 받는 인플루언서가 되었다.

동생은 혼자만의 취미로 즐길 때보다 많은 사람과 공유하는 지금이 더 행복하고 자부심을 느낀다고 한다. 그냥 너무 좋아서 좋아하는 취미를 즐겼을 뿐인데, 그것이 다른 사람들한테도 공감대를 형성하고, 같은 취향을 가진 사람들이 모여든 것이다.

나를 성장시키는 취미

대개 직장인들은 '월화수목금툴'이라고 할 정도로 평일은 느리게 가고 주말은 빨리 간다고 하는데, 평일에 취미 생활을 즐기다 보면 주중도 정말 빨리 흘러간다. 내가 유튜브를 시작하고 나서부터 그걸 느꼈다. 나는 취미로 유튜브를 하다가 '어쩌다 유튜버'가 된 유형이다.

처음에는 그저 퇴근 후 멍청하게 있는 시간이 아까워서 시작했다. 가족을 포함한 주변인들에게 일절 알리지 않고, 혼자 사부작사부작 일주일에 한 개씩 재테크, 자기계발 관련 영상을 만들어 올렸다. 아무도 보지 않아도 상관없었다. 스스로 기획한 콘텐츠를 하나하나 만들어 올릴 때마다 성취감이 들었다.

'아, 이게 생산자의 삶인가?'

다른 재료 필요 없이 오로지 내 머릿속에서 결과물을 만들어내는 창작의 영역을 경험한 것이다. '주 1회 업로드'라는 스스로의 목표를 세우고 나니 한가했던 주중이 바빠졌다. 주제 선정, 자료 조사, 스크립트 작성, 촬영 및 편집의 과정을 거쳐 영상 업로드까지 하려니 5일이 부족했다.

시간이 부족한 만큼 더욱더 몰입하게 되었다. 회사에서는 회사 일에 최선을 다하고, 퇴근 후 온전한 나만의 시간에는 '할미언니'가 되어 제2의 출근을 했다. 그런 생활을 3년간 반복하다 보니 어느새 나는 18만 유튜버가 되어 있었다. 일이 커져버린 것이다.

구독자 수가 급격히 늘어날 때 알 수 없는 불안감이 들기도 했다. 하지만 내가 가진 지식과 가치관이 많은 사람들에게 좋은 영향을 줄 수 있다는 사실에 마음을 단단히 먹었다. 공감과 고마움을 표현하는 댓글들이 달릴 때마다 너무 신기하고 뿌듯했다. 무엇보다, 회사 밖에서 내 존재가치를 느낄 수 있어서 좋았다.

할미언니로 살아보니

부캐 '할미언니'로서 나의 삶은 본캐 '월급쟁이'의 삶과는 사뭇 달랐다. 어디에도 속하지 않은 나(개인)에게 다양한 사업체에서 협업 제안이 왔다. 그 덕에 난생처음 방송국도 가보고, 라디오 출연도 해보고, 내가 대학생 때부터 좋아한 EBS 영어 강사 샤이니 선생님도 만났다.

회사만 다니면서는 알 수 없었을 새로운 세상으로 입장한 기분이었다. 타 유튜브 채널과 콜라보 촬영을 하면서 다른 크리에이터들과도 교류하고 친해졌다. 내 주변엔 나의 부캐 생활을 공감해줄 사람이 없었는데, 똑같이 유튜브를 하는 분들을 만나니까 서로 통하는 게 많아서 대화가 즐거웠다.

주기적으로 만남을 이어가고 싶은 인연도 생겼다. 내가 새로운 분야로 나아가니, 나에게 새로운 카테고리의 인맥이 생기기 시작한 것이다. 그뿐일까. 나는 취미로 한 것인데 부수입이 생기기 시작했다. 유튜브 영상 조회 수가 늘면서 구글 애드센스 수익 창출이 된 것이다. 아무리 매출을 일으켜도 정해진 급여만 받는 직장과는 달리, 이것은 내가 하는 만큼 돈이 들어왔다.

월급 받을 때 느끼는 것과는 또 다른 보람이 있었다. 아마 취미로 조금이라도 부수입을 만들어 본 적이 있는 사람은 알 것이다. 처음엔 의도하지 않았지만, 취미에 진심을 다하다 보니 돈이 따라오게 되는 경험 말이다.

주변에서 많이 봤다. 대표적으로 우리 아버지다. 아버지는 25년째 바둑을 취미로 즐기고 계신데, 여가 시간에는 늘 바둑과 함께 하신다. 가장 자주 만나는 지인도 모두 바둑 모임 구성원 분들이다. 주말에 가끔 다 같이 바둑 대회에도 나가시는데 참가할 때마다 상금을 35만 원씩 타 오신다. 그럴 때마다 '우리 아빠가 여태까지 바둑을 그냥 둔 건 아니구나.' 하는 생각이 든다. 돈을 좇아서 하는 게 아니라 진심을 다해 꾸준히 하다 보면 돈은 자연적으로 따라오는 것이다.

"본질을 높이고 가치에 집중하면 돈은 자석처럼 따라온다. 돈을 벌고 싶지 않아도 벌 수밖에 없는 구조가 만들어진다."

박치은 작가의 《디깅Digging》에서 감명 깊게 읽은 구절이다. 우물을 깊게 파는 것에만 집중해서 우물 하나를 제대로 파면 물은 안 나올 수가 없는 법이다.

취미는 인생을 풍요롭게 만들어준다

본업에 충실하면서 자기계발이든 취미든 다른 분야에도 도전해보는 것을 추천한다. 그리고 그 활동 과정을 휘발시키지 말고 이왕이면 기록으로 남겨놓길 바란다. 만약 나처럼 유튜브를 해보고 싶은 마음이 있다면 일단 시작하라고 권하고 싶다.

나도 내가 뭐 대단한 사람이라서 유튜브를 하고 있는 게 아니다. 내 주변만 봐도, 유튜브 안 하는 사람들 중에 나보다 훨씬 더 아는 거 많고 훌륭한 분들이 많다. 여러분도 분명 마찬가지일 것이다.

당신^{You}과 브라운관^{Tube}의 합성어인 YouTube(유튜브)에는 셀 수 없을 정도로 다양한 주제의 콘텐츠가 있다. 운동, 요리, 교육, 스포츠, 여행, 패션, 뷰티, 게임, 음악, 영화, 엔터테인먼트 등 무궁무진하다. 이 중 자신과 들어맞는 주제를 골라서 최소 1년 이상 꾸준히 하면 반드시 의미 있는 결과가 있을 것이다.

남이 성공한 콘텐츠를 무조건 따라 하지 말고 자신이 좋아하는 것, 자신이 잘할 수 있는 것, 본인이 가장 중요하다고 생각하는 아이템을 선정해보자. 그래야 스스로 동기부여가 돼서 오랫동안 할 수 있을 것이다.

취미생활은 또 하나의 우주를 만나는 것과 같다. 새로운 취미로 들어가 보면 그 우주에 살지 않았을 때는 전혀 몰랐던 세계가 펼쳐진다. 새로운 분야를 깊게 알아가며 느끼는 재미가 쌓일수록, 거기에 나이의 무게가 더해질수록 우리의 인생은 훨씬 더 다이나믹하고 풍성해진다.

그런 의미에서 취미를 만들고 가꾸는 일은 일종의 '정신적 노후준비'다. 내가 퇴직 후에도 하고 싶은 일이 있고 계속적으로 즐길 수 있는 취미가 있다면 그것만큼 풍요로운 노후가 어디 있겠는가?

지구가 한 권의
책이라면

나에겐 꼭 이루고 싶은 인생 목표가 있다. 바로 세계여행이다. 나는 "세계여행을 꼭 직장 그만두고 한 번에 해야 하나? 쪼개서 가면 되지!"라고 생각을 해서, 회사 다니면서 휴가 때마다 '쪼가리 세계여행'을 다녔다.

내가 다녀온 국가들이 하나씩 쌓이고 있지만, 버킷리스트인 '세계 100개국 도장 찍기'에 다다르려면 아직 멀었다. 버킷리스트는 '죽다'라는 뜻을 가진 '킥 더 버킷 kick the bucket'에서 유래되었는데, 이 표현은 중세 시대 교수형을 집행할 때 올라가는 양동이를 걷어차는 것을 뜻한다.

오늘날 의미인 '죽기 전에 꼭 하고 싶은 일을 적은 목록'으로 알려지게 된 것은 2008년 잭 니콜슨, 모건 프리먼 주연의 영화 〈버킷 리스트 The Bucket List〉가 상영된 후부터

다. 영화는 죽음을 앞에 둔 두 주인공이 한 병실을 쓰게 되면서 자신들에게 남은 시간 동안 하고 싶은 일에 대한 리스트를 만들고, 병실을 뛰쳐나가 이를 하나씩 실행하는 이야기를 담고 있다. 영화를 보며 '내가 만약 주인공이었다면 어땠을까? 아마도 배낭을 짊어 메고 여행을 떠났겠지.' 하는 생각을 했다.

나는 여행을 하면서 내가 언제 가장 행복하고 마음속 충만함을 느끼는지 알게 되었다. 나는 날 아는 사람이 아무도 없는 곳에 가서 새로운 사람을 만나고 새로운 문화에 빠져들 때 '완전한 자유'를 느낀다. 그곳에선 0부터 시작하는 기분이다. 누구를 사귀어도 처음 만나는 사람이기 때문에 모든 게 플러스(+)다. 나 자신을 비운 채 떠나, 플러스로 가득 채워오는 게 바로 내가 생각하는 여행의 묘미다.

나를 발견하는 여행은 나를 변화시킨다

진정한 나를 찾아가는 여정이 인생이라고 한다면, 여행은 인생을 배우는 과정이다. 여행지에서는 매 순간 거울 보듯 나 자체를 마주하기 때문에, 나도 몰랐던 나의 모습을 알게 된다. 그리고 나를 발견하는 여행은 나를 변화시킨다. 오스트리아 여행 칼럼니스트 카트린 지타는 책 《내가 혼자 여행하는 이유》에 그녀가 7년간 50개국을 홀로 여행하며 깨달은 것을 담았다.

"모든 여행은 잊지 못할 기억을 남긴다. 눈이 시리도록 아름다운 풍경, 친절하거나 혹은 불친절했던 사람들, 아무 걱정 없이 마음껏 빈둥거린 기억, 사랑하고 행복했던 순간 등등 그것만으로도 삶은 충분히 풍요로워질 수 있다.

하지만 정말 좋은 여행은 인생을 바꾼다. 집으로 돌아왔을 때 자신의 삶이 더 나아지도록 행동하게 하고 나 이외에 다른 사람을 배려하게 만든다. 그게 세상을 바꿀 정도로 거창한 것은 아니라 해도 우리에게 삶의 기쁨과 용기를 더 많이 일깨워주는 것은 분명하다."

여행을 다녀오면 우리는 어떤 식으로든 달라진다. 내 경우 여행을 알차게 하고 돌아오면 일상이 활기차진다. 나라는 존재에 자신감이 더해지고, 회사생활도 더 동기부여가 되고, 하던 일도 더 열심히 하게 된다. 이것이 돈만 쓰고 오는 여행과 돈 이상을 얻어 오는 여행의 차이다.

해외여행은 남들한테 자랑하기 위해 가는 게 아니다. SNS에 멋진 휴가 사진을 과시하고자 가는 것도 아니다. 세상을 보는 새로운 시각을 얻기 위해 가는 것이다. 여행이 비록 경제적 관점에서는 100% 소비활동이지만, 인생에 있어서는 '적자'가 아닌 '자산'이 되어야 한다.

여행이 설레는 이유

여행은 익숙한 것들과의 이별을 도와준다. 자신을 의도적으로 새로운 환경에 던져놓을 수 있는 방법은 여행뿐이다. 나는 낯선 여행지에 적응해나가는 내 모습을 볼 때 삶의 희열을 느낀다. 여행 첫날엔 한참 걸려서 찾아가던 길을 어느새 지도도 안 보고 잘 다닐 때, 숙소에 있는 사람들과 동네 주민들을 알아갈 때, 두 번 세 번 들르는 단골 식당이 생길 때 진정으로 그 장소에 몸을 갖다 대는 기분이 든다.

여행을 가기 전 내가 가장 기대하는 부분은 무엇일까. 그 나라의 풍경? 음식? 아니다. 그것들보다 나를 더 설레게 하는 것은 "이번엔 과연 어떤 사람들을 만나게 될까?" 하는 기대다.

EST'J'인 내가 유일하게 '계획'을 세우지 않는 영역이 바로 여행이다. 일정을 세세하게 세우지 않고 발길 닿는 대로 돌아다니는 걸 좋아한다. 여행 중 누구를 만나게 될지는 계획할 수 없기 때문이다.

여행을 할 때는 가급적 많은 사람들을 맞닥뜨려야 한다. 여행은 다양한 사람들과 무제한으로 교류할 수 있는 최고의 기회다. 처음 보는 사람과의 대화는 언제나 신선하다. 특히 나와 다른 분야에 있는 사람에게 듣는 이야기는 유익하기까지 하다.

대개 새로운 지식이나 자극은 우리가 평소 대화하지 않는 사람들과 소통할 때 얻어진다. 일상 속에서 같이 생활하는 사람들끼리 맨날 하는 얘기만 계속할 때는 새로이 얻는 게 없다. 하지만 여행 중 우연히 만난 각기 다른 직업을 가진 사람들과 대화를 나누면 관심 없던 분야도 알게 된다. 얕은 지식이라도 머릿속에 넣어두면, 다음에 또 다른 새로운 사람을 만났을 때 대화를 시작하는 매개체로 써먹을 수 있다. 사람들과 대화하는 게 점점 즐거워지는 것이다.

나이가 들면서 나의 여행도 무르익어가는 것을 느낀

다. 20대 때는 장소 찍기에 의미를 둔 여행을 했다면, 30
대가 되니 여행에서 경험치 획득을 추구하게 되었다. 여
행을 갈 때마다 새로운 경험을 해보려고 한다. 예를 들
면 지난해 여름 말레이시아 여행에서 나는 세 번의 트레
킹을 다녀왔다. 국립공원 트레킹, 야간 트레킹, 계곡 트
레킹. 그리고 올해 여름 인도네시아 여행에선 화산 트레
킹을 다녀왔다. 말하자면 '트레킹'이라는 한 종목 안에서
도, 내가 경험해보지 못한 새로운 테마를 찾아 도전하는
것이다.

　　내가 좋아하는 여행 스타일은 '사서 고생'하는 배낭
여행이다. 여행은 다리 떨릴 때 가는 게 아니라 심장 떨
릴 때 가는 것이다. 호화 여행은 돈만 있으면 갈 수 있지
만 배낭여행은 두 다리에 힘이 있어야 갈 수 있다. 청년
들이여, 한 살이라도 어릴 때 배낭여행을 많이 다녀라!
험난하더라도 독립적이고 자유로운 모험을 추구해라. 모
든 것이 잘 갖추어진 곳보다는 불편한 여행지를 택해라.
고생하며 다녀온 여행이 가장 기억에 남고 추억도 오래
간다.

　　좌충우돌하더라도 스스로 배워나가는 여정을 즐겨

라. 고생할 수 있을 때 고생해라. 나이 들면 그렇게 여행하고 싶어도 못한다. 나도 10년 전엔 필리핀에서 무박 3일 버스 여행도 했지만, 지금은 그렇게 하려고 하면 힘들어서 엄두가 안 난다.

살면서 여행만큼은 미뤄선 안 된다. 한 살이라도 젊을 때 많이 다녀야 한다. 나이 들수록 교통수단도 편해야 하고 숙소도 편해야 해서 여행 경비가 더 많이 든다. 그래서 대부분의 일정을 여행사에 의존하는 패키지 형태의 여행을 하게 되는 것이다.

여행을 특별하게 만들어주는 것들

지난 15년간 벌써 28개국 53개의 도시를 여행했다. 사람들이 "어떻게 하면 그렇게 저렴하고 알차게 여행을 할 수 있어요?"라고 묻는다. 2021년 MBC 라디오 〈노중훈의 여행의 맛〉에 출연했을 때 진행자 노중훈 작가님께도 동일한 질문을 받았다. 당시 나는 "철저히 현지인이 되면 됩니다."라고 답해 공감을 얻었다.

말 그대로 관광객이 아니라 현지인처럼 그 장소에 스며들면 된다. 여행갈 때 비싼 금붙이를 걸고 가는 건 금물이다. 부티나 보이는 행색은 아무런 도움이 안 된다. 비싼 옷이나 가방, 액세서리도 마찬가지다. 나 같은 경우 현지인 패치를 위해 옷도 그냥 현지 시장에서 사 입는다. 오죽하면 현지인들이 나한테 길을 물어본 적도 있다.

현지인처럼 여행을 해야 돈 낭비를 줄일 수 있다. 가장 좋은 건 현지인과 친해지는 것이다. 나는 늘 여행을 갈 때 '친구 10명 사귀기'를 목표로 세우고 간다. 그래서 여행하며 기회가 있을 때마다 용기 내어 먼저 말을 건다 (최근 K–컬처의 글로벌 인기로 한국인에 대한 호감이 늘면서 현지인이 먼저 다가와 말을 거는 경우가 많아졌다). 현지 친구를 사귀면 관광객들은 모르는 숨은 알짜배기 장소를 알게 된다. 관광객한테 유명한 식당보다 현지인들이 가는 식당이 훨씬 저렴하고 맛있다. 또 현지인과 여행을 다니면 그 나라의 놀이문화나 문화체험 등 값지고 재미난 경험을 할 수 있다.

영어도 좋지만 가능하면 현지 언어를 습득하려고 노력해야 한다. 그 나라 언어를 구사하면 현지인들과 훨씬 더 친근하게 소통할 수 있다. 2022년 여름 튀르키예 여행을 할 때 나는 한 번도 "Hello!"라고 인사를 한 적이 없었다. 튀르키예어 "Merhaba!(메르하바!)"를 항상 입에 달고 다녔다.

현지어를 많이 쓸수록 현지에 체류한 지 꽤 된 것 같은 느낌을 줘서 흥정할 때도 유리하다. 튀르키예에서 길에 붙은 전단지에 50% 'Indirim(인디림)'이라고 적힌 걸 보고 '할인'이란 뜻인 걸 알아냈다. 한 소품 가게 계산대에서 두 손 모아 "인디림~"이라고 했더니 가게 주인이 웃으면서 기분 좋게 흥정을 해줬다.

식당에서는 물티슈가 필요할 때 "Wet tissue." 대신 "Islak mendil(으슬락 멘딜)."이라고 했다가 물티슈를 8개 넘게 무더기로 받은 적도 있다. 직원은 내가 신기하고 반가웠던 모양이다. 어디 가서든 아는 척을 조금 해야 한다. 그래야 최소한 관광객 덤터기를 쓰지 않는다. 해외여행에서 돈을 적게 쓰는 것도 중요하지만 더 중요한 건 돈을 잃어버리지 않는 것, 사기나 소매치기를 당하지 않는 것이다.

숙소는 호텔보다는 게스트하우스나 에어비앤비(공유숙박) 이용을 추천한다. 특히 게스트하우스는 여행자들끼리 정보를 공유하는 역동적인 공간이다. 외국인 친구들은 대부분 장기여행을 하기 때문에 가성비 여행객들이 많다. 나보다 오래 머문 친구들로부터 여행지에 관한 유용한 정보를 얻을 수 있다. 또 게스트하우스나 에어비앤비는 요리를 해먹을 수 있어서 좋다. 외식 물가가 비싼 나라에서는 하루 한 끼 정도는 식재료를 사 와서 만들어 먹으면 식비를 줄임과 동시에 현지 마트 문화도 엿볼 수 있다. 내 경우 현지에서 장 보는 게 제일 신나고 재미난 경험이다. 그래서 식료품점, 편의점 등이 도보 생활권에 있는 숙소를 고른다.

나는 도시 이곳저곳을 두 발로 걸어 다니는 걸 선호한다. 그래서 여행 갈 때 꼭 편한 신발을 신고 간다. 도보 30분 이내 거리는 무조건 걸어 다닌다. 교통비 절약도 되지만, 걸으면 낯선 도시가 금방 친숙해진다. 차를 타고 주마간산으로 이동할 때보다 직접 걸어 다닐 때 골목골목 아기자기한 것까지 다 눈에 담을 수 있었다.

그동안의 여행 경험을 비롯하여, 여행을 더 풍부하고 오래 추억할 수 있게 만드는 나만의 여행 루틴을 소개하자면 이렇다.

나만의 여행 만드는 법 1. 여행 중 노래 한 곡만 듣기

첫 번째는, 여행 내내 똑같은 노래만 듣는 것이다. 일종의 '도시별 BGM'을 만드는 작업으로, 여행지를 기억할 수 있는 가장 효율적인 방법이다. 나는 여행 D-7일이 되면 이번에 여행 가서 들을 노래부터 고른다. 특별한 기준은 없다. 그냥 그 시기에 내 마음에 끌리는 곡을 하나 정해서 여행 시작부터 끝까지 그 한 가지 노래만 계속 듣는다. 그렇게 하면 한국에 돌아와서 5년이 흐르든 10년이 흐르든 그 노래만 들으면 그 여행지가 떠오른다. 전주만 시작되어도 그때 그 순간으로 이동한 것 같은 느낌이 든다. 평생 추억할 수 있는 것이다.

나만의 여행 만드는 법 2. 여행 중 수시로 메모하기

두 번째는, 여행 중에 수시로 메모를 하는 것이다. 작은 수첩을 하나 챙겨가도 되고, 간편하게 휴대폰에 써도 된다. 일기가 아니라 메모다. 일기처럼 밤에 각 잡고 앉아서 쓰는 게 아니라 여행 중 틈날 때마다 짤막짤막하게 쓰면 된다. 비행기 탑승 전 게이트 앞에서, 버스를 기다리면서, 이동 중 기차 안에서, 잠깐 카페에 앉아 쉬면서 등

등 수시로 적는 것이다.

여행 도중 나의 모든 감정과 그날의 날씨, 나를 스친 사람, 사람들과의 대화에서 느낀 점 등을 고스란히 담는다. 나는 이렇게 하니 여행을 다녀올 때마다 여행기가 한 권씩 탄생했다. **남는 건 사진뿐이라 하지만 남는 게 진짜 사진뿐인 여행을 하고 와서 되겠는가.** 사진이나 영상은 생동감 있어서 좋긴 하지만 시각적인 것일 뿐 나의 순간적인 생각까지 담을 순 없다.

나만의 여행 만드는 법 3. 여행지에서 작은 물건 사 오기

세 번째는, 여행지를 기억할 수 있는 물건을 사 오는 것이다. 나는 내가 다녀온 여행의 흔적들을 나의 공간에 두는 것을 좋아한다. 이왕이면 가방 등에 달거나 바로 곁에 둘 수 있는 작은 기념품을 사 온다.

그중 꼭 구매하는 기념품은 마그넷이다. 여행 마지막 날이 되면, 도시별 가장 인상 깊었던 장소가 새겨진 마그넷을 찾아서 산다. 그곳에서 만난 친구와의 추억이 있는 장소라든지, 넋을 놓고 바라봤던 풍경이라든지, 다음에 또 보고 싶을 것 같은 랜드마크가 새겨진 마그넷을 사 와서 붙여둔다. 그러면 일상 속에서 그 마그넷을 볼 때마다 여행지의 냄새가 코끝에 느껴진다. 다른 사람은 모르는 나만의 이야기가 숨어있는 것이다.

지구라는 책을 펼치자

지구가 한 권의 책이라면, 우리나라에만 있는 것은 책의 한 페이지만 계속 읽는 것과 같다. 한국은 세계 13위 경제 대국이지만 지리적으로는 지구본을 한참 굴려야 찾을 수 있는 작은 점이다.

나는 심심할 때 구글 맵을 띄워놓고 이 나라, 저 나라 확대해 보는 걸 좋아한다. 아직 가보지 못한 곳에서 살아가고 있는 사람들은 나와 같은 시간 속에서 어떻게 달리 살고 있을까? 그 삶 속으로 들어간다고 상상하면 한없이 궁금해진다.

이 두꺼운 지구 도서를 한 면만 읽은 자와 여러 면을 읽은 자의 삶의 깊이는 분명 다를 것이다. 잠깐 머물다 가는 지구별에서 특별한 손님이 되려면 아쉬움 없이 발도장을 찍고 다녀야 한다!

인생을 정돈하며
사는 법

살면서 뭐 한 가지를 오래 해본 적이 그렇게 많지는 않지만, 지난 8년간 하루도 빠짐없이 한 일이 있다. 바로 일기 쓰기다. 어느새 나의 '보물 1호'가 된 다이어리는 책상 한편에 항상 손이 닿는 곳에 있다. 잠자리에 들기 전 다이어리를 펼치고 앉아 온전히 나와 마주하며 하루를 마무리하는 시간이 하루 중 가장 좋아하는 시간이다.

일기를 쓰면 생각 정리가 잘 된다. 반복되는 일상은 비슷하더라도 내가 느끼는 생각은 매일 다르다. 계획 세우는 걸 좋아하는 나는 항상 머릿속에 여러 가지 고민이 떠오르는데, 고민을 오래 붙잡고 있는 건 싫어하기 때문에 매일 다이어리에 생각을 털어버린다. 생각을 아웃소싱outsourcing하는 것이다. 복잡한 생각이 떠오를 때 바로 외주를 주는 작업이다.

'1만 시간의 법칙'의 창시자 대니얼 J. 레비틴^{Daniel J. Levitin}
은《정리하는 뇌》라는 책에서 "뇌가 지는 부담을 주변에
떠넘겨라."라고 하면서, 머리로만 저장하려고 하지 말고
종이나 스마트폰과 같은 '뇌 확장 장치'에 기록하라고 말
한다. 그렇지 않으면 반복해서 되뇌느라 정신적 에너지
가 소모된다고 한다.

내가 일기를 쓰는 진짜 이유

일기를 잘 쓰는 특별한 비법은 없다. 다만 '솔직하게'
쓰는 게 잘 쓰는 것이다. 블로그와 같이 공개된 장소에
글을 쓸 때는 남들이 본다는 생각 때문에 100% 솔직한
글이 안 써진다. 내 글을 볼지도 모르는 누군가를 의식
해 속마음을 감추게 된다. 하지만 일기장은 나만 볼 수
있는 '비공개' 공간이다. 자신을 속일 필요가 없다. 어떤
사건을 겪었든 어떤 사람을 겪었든 내가 느낀 그대로 나
의 생각과 감정을 솔직하게 적으면 된다.

다이어리를 뭐 어떻게 꾸미고 무슨 펜을 쓰고 하는
그런 외적 기술은 말하고 싶지 않다. 중요한 건 일기를

쓰는 이유를 알아야 한다. 우리가 일기를 쓰는 목적은 '기록'이다. 지나간 오늘을 기록해 과거로 정리하고, 다가올 내일을 준비하는 마음가짐을 가지는 것이다.

일기를 쓰기 전과 후로 달라진 점이 있다면, 나는 일기를 쓰고 나서부터는 내 삶이 정돈되는 느낌이다. 하루하루를 기록으로 채워 일단락 짓는 것이 마치 흐트러진 일상 조각을 그때그때 바로잡아 정리하는 것 같다. 내가 일상을 나아가는 힘을 기르게 된 비결도 바로 일기 쓰기에 있을지 모르겠다.

사회 초년생 때 쓴 다이어리를 보면 일상생활보다는 직장에서 느낀 점에 대한 기록이 많다. 내가 맡은 일에 관한 고민이나 일을 처리했던 내용 등 회사 업무 일지를 2~3줄 정도 써놓은 것이다. 신입사원이 업무 일지를 쓰면 나중에 재밌는 현상이 발생한다. **3개월, 6개월밖에 지나지 않았는데도, 지금은 밥 먹듯이 하는 쉬운 일이 그때는 막막하다고 적혀있다.** 낯선 일은 처음엔 어렵고 버겁지만 금방 익숙해진다는 걸 알게 된다. 몇 년 안되는 짧은 시간에 이런 과정을 겪으면 배우는 것이 있다. 새로운 업무를 받아들이는 태도가 달라진다. '처음엔 조금 귀찮고 힘들지만 결국엔 내가 잘 하게 될 일이야.'라고 생각하기 때문에 일에 자신감이 붙는다.

해마다 인생의 주제를 정해보자

일기를 쭉 쓰다가 다이어리에 경계가 생길 때가 있다. 바로 연도가 바뀌는 시점이다. 나이를 먹는데 그냥 먹는 건 재미가 없어서, 나는 해마다 나름의 주제를 정해 올해는 어떤 마음가짐으로 지내보겠다는 방향성을 잡고 새해를 맞이한다. 예를 들자면, 한국 나이로 서른 살이 되던 해에는 다이어리 첫 장에 이렇게 썼다.

'而立(이립)'
스스로 만든 규칙과 타인에 의해 만들어진
규칙 속에서 슬기롭게 살아남는 법을 배울 것
- 2020년 나의 인생 여행기 -

처음 맞이하는 30대의 출발을 희망차게 끊고 싶었다. 30대에도 잘 살아야겠다는 생각이 컸기 때문이다.

보다 성숙하고 지혜로운 30대가 되고 싶었고, 그 마음은 30대 중턱에 온 지금까지도 잘 간직하고 있다. 이렇게 주제를 하나 잡아 1년을 지내고 나면 매해가 기억에 남는 해가 된다. 이번 해를 최고의 해로 만들겠다고 매년 다짐해보자. 최고의 해가 모이고 모이면 최고의 인생이 되지 않겠는가.

10년 뒤를 꿈꾸게 하는 기록 루틴

일기를 쓰면 집 나간 인생 목표도 돌아온다. 나는 중장기 인생 계획을 세우기 좋은 10년짜리 다이어리를 쓰고 있다. 일기를 1년 단위로 쓰다 보니 갈수록 권수만 늘어 보관 및 관리가 힘들었는데, '10년 다이어리'를 검색하니 마음에 쏙 드는 제품이 있어서 과감히 구매했다. 몇만 원이나 되는 돈이 하나도 아깝지 않았다. 덕분에 나의 10년을 단 한 권에 담을 수 있을 수 있게 됐으니 말이다.

10년이라는 긴 세월을 견디기 위해 내구성 좋게 제작된 튼튼한 표지에는 'Design My History'라는 각인이 새겨져 있다. 10년간 성장해가는 자신의 모습을 한눈에 볼 수 있게 디자인한다는 뜻일 것이다. 10년 다이어리는 하루를 기록할 수 있는 공간이 1년 다이어리만큼 많지 않다. 그 때문에 작은 칸 안에 오늘 하루를 함축해 적으려다 보면 글을 더 간결하고 명확하게 쓰고 싶은 욕심이 생긴다. 축약하는 능력이 길러지는 것은 또 하나의 이점이다.

10년 다이어리가 재밌는 점은 모든 페이지에 10년의 하루가 들어간다는 것이다. 페이지마다 글 쓰는 칸이 10개 있다. 오늘 일기를 쓰면, 바로 옆 칸에 1년 전 쓴 일기가 있다. 나도 모르는 사이 변화한 내 모습이 보인다. 과거의 나와 현재의 나가 비교되기도 한다. 어떤 날은 일 년 전과 비슷한 생각을 하고 있고, 또 어떤 날은 일 년 전보다 훨씬 더 성장해있다. 성장 중인 나 자신을 돌아보는 건 흥미로운 일이다. 남들은 모르는 나만의 인생의 재미가 추가되는 것이다.

나를 기억하는 시간

누구나 자기가 읽어야 할 자신의 책이 있다. 지루해 미치는 페이지를 읽는 사람도 있고, 마음 아픈 페이지를 지나게 되는 사람도 있고, 읽기 싫어서 미루고 있는 사람도 있을 것이다. 나의 경우, 페이지 여러 장을 스테이플러로 콕콕 찍어버리고 싶을 정도로 다시는 들추고 싶지 않은 '이불 킥 구간'도 있다. 그럼에도 불구하고 우리는 다음 페이지로 나아가야 한다. 그래야 자신을 온전히 기억할 수 있다.

일기는 한 사람의 성장 기록이다. 우리가 역사를 통해 교훈을 얻듯이, 나에게 벌어진 일련의 사건들이 어떤 인과관계를 통해 발생했는지 일기를 보면서 깨달을 수 있다. 그리고 내가 그것을 어떻게 헤쳐 나갔는지도 말이다. 지나고 나면 잊힐 각자의 세월을 더 늦기 전에 잘 정리해두자. 과거에서 얻은 지혜를 바탕으로 미래를 설계할 수 있을 것이다.

시간 아까운 줄
알아야지

　수억 연봉자가 아니더라도 우리 모두에게 시간은 재산이다. 나는 시간을 헛되이 보내는 걸 제일 두려워한다. 공空으로 보내는 시간이 아깝다. 그래서 일부러 바쁘게 산다. 바쁠수록 시간을 쪼개 써서, 한가할 때보다 더 많은 일을 하게 되기 때문이다.

　시간 관리의 관건은 틈새 시간을 잘 활용하는 것이다. 나는 아침에 눈 뜬 순간부터 출근할 때까지 EBS 외국어를 듣고, 퇴근길 차 안에선 오디오북을 듣는다. 무료인 'EBS 반디' 앱으로 외국어, 음악, 교양, 법률 프로그램들을 온에어로 들을 수 있다.

　특히 아침 8시에 방송하는 〈최수진의 모닝 스페셜〉에서는 글로벌 헤드라인을 읊어주는데, 따로 시간 내어

신문을 읽지 않아도 세계 주요 뉴스를 알게 되어 좋다. 남는 시간에 노래를 듣는 것도 좋지만, 정보나 지식을 얻는 게 더 유용하다고 생각해 EBS 듣는 걸 습관으로 만들었다. 습관이란 의식을 거치지 않는 자동 시스템이다. 시간을 그냥 흘려보내는 게 아니라 생산적으로 쓰기 위해 습관을 이용하는 것이다.

시간 낭비를 줄이는 루틴

뭐든지 '루틴Routine'으로 만들면 된다. 자신이 해야 할 일련의 일을 순서를 정해서 루틴에 집어넣고, 그 루틴에 따라 규칙적으로 생활하면 시간 낭비를 최소화할 수 있다. 우리는 남는 시간에 뭘 해야 할지 몰라 고민하느라 시간을 보낼 때가 많다. 그러나 루틴을 정하고 그대로 행동하기만 하면 시간을 앞에 두고 헤매는 일이 없어진다. 이를테면 이거다. 아침에 일어나면 바로 세면대로 가서 가글을 한다. 입을 헹군 후 유산균이랑 미지근한 물 한 잔을 마신다. 간단하게 스트레칭을 한 뒤 씻고 나와서 삶은 달걀 2개와 야채 주스를 먹고 출근한다.

그렇게 다음 날 아침에도, 그 다음 날 아침에도 동일

하게 반복한다. 처음엔 머릿속으로 순서를 생각해야 할 정도로 어색할 수 있지만 하다 보면 어느 순간 내 몸이 기억하고 자동적으로 움직이는 날이 온다. 무슨 일이든 익숙해질 때까지 계속하면 된다. 어떤 행위에 익숙해지면 노하우가 생기기 때문에 효율성이 높아지고 소요되는 시간도 줄어든다.

무심코 허비한 시간을 되찾아야 한다

시간이 아까운 줄 알아야 한다. 많은 사람들이 병원이나 은행에서 번호표 뽑고 10분, 20분 기다리는 건 못 견디면서, 막상 집에 오면 TV 앞에서 시간을 그냥 흘려보낸다. TV만큼 시간 잡아먹는 괴물이 없다. 보다 보면 1시간, 2시간이 금방 지나가 있다.

"여긴 TV가 없네요?"

신혼집 입주 후 하자 체크를 도와주러 관리사무소 직원들이 방문했을 때 첫마디가 이거였다. 여러 세대를 돌았지만 TV가 없는 집은 우리 집이 처음이라는 거였다.

"네, 저흰 둘 다 TV를 안 봐서요."

우리 부부는 TV가 '신혼 필수가전'이 아니었다. TV

만 안 사도 결혼 비용을 상당히 아낄 수 있다. 가전 중 TV가 제일 비싼 품목이기 때문이다. 아파트의 경우 세대 내 TV가 없는 집은 관리비에 포함되어 나오는 TV수신료 해지 신청을 하면 매월 2,500원(1년에 무려 30,000원)을 아낄 수 있다. 어쨌든 우리는 TV가 필요 없어서 들이지 않았다. 필요하지도 않은 바보상자를 비싼 돈 주고 뭐 하러 사겠는가.

하루에 휴대폰 몇 시간 하세요?

겨울이 끝나가는 듯했던 2024년 2월의 어느 날, 출근길 신호등을 기다리는데 그 찰나에도 휴대폰을 들여다보고 있는 나를 발견했다.

'완전 스마트폰 중독이네.'

내 일상이 장악당하고 있다는 생각이 들었다. 잠깐의 틈에도 뭘 해야 할지 몰라 휴대폰을 들여다본 것이다. 주변을 둘러보니 정면을 주시하고 있는 다른 사람들이 눈에 들어왔다. 나도 그 심심함을 즐겨보기로 하고 휴대폰을 주머니 속에 넣고 고개를 들어 앞을 봤다.

도로 위로 지나가는 자동차와 버스들이 보였다. 매일

아침 같은 시간에 긴 쓰레받기와 빗자루로 보도블록 위를 청소하시는 키 큰 환경미화원 아저씨가 눈에 들어왔다. 해가 꽤 길어져 일찍 환해진 하늘도 보였고, 아침 운동을 하는지 러닝복장으로 뛰어가는 청년도 보였다.

나를 둘러싼 환경에 자리한 많은 것들이 보이기 시작했다. 휴대폰 화면 속 세상보다 더 소중한, 나의 일상과 맞닿아 있는 세상이다. 스마트폰이 없던 시절 우리의 눈은 현실 세상을 관찰하기 바빠 심심할 틈이 없었다. 하지만 요즘 사람들은 화면 속 세상에 한눈팔려 시간 가는 줄 모른다. 자신에게 그다지 중요하지 않은 것들을 쳐다보고 있는 시간이 대부분일 것이다.

일상 속에서 시간을 확보하기 위해서는 온갖 사회 뉴스, 정치 이슈, 연예 가십거리에서 벗어나야 한다. 이런 것들만 걸어내도 중요한 것에 집중할 수 있는 시간이 늘어난다. 연예인 A씨가 연예인 B씨와 사귀네 마네 하는 이야기가 나랑 무슨 상관인가. 배우 C씨가 D라는 드라마에 캐스팅된 게 나한테 무슨 영향을 준단 말인가. 그런 **불필요한 것들은 의도적으로 튕겨내야 한다.** 그래야 비는 시간에 새로운 것을 채워 넣을 수 있다.

혼자만의 시간을 가장 의미 있게 채우는 방법

어렵게 확보한 혼자만의 시간을 가장 의미 있게 채울 수 있는 방법 한 가지를 소개하겠다. 바로 '독서'다. 남는 시간에 뭘 해야 할지 모르겠다면 독서를 해라. 2007년 발행된 《성공한 사람들의 독서습관》이라는 책에 보면 이런 구절이 나온다.

"독일의 학자 오스트발트는 일찍이 '위인이나 성공한 사람들의 공통점은 무엇인가'를 조사하여 두 가지의 공통점을 발견했다. 첫 번째는 긍정적으로 생각하는 일이고, 두 번째는 독서였다. 독서가 위인이나 성공한 사람들의 공통 조건이라는 사실을 밝혀낸 것이다."

투자의 대가 워런 버핏도 그의 모교인 대학교 졸업식 연설에서 후배들에게 '독서를 이기는 건 없다.'라고 하면서 이렇게 말했다.

"사람들은 때론 내게 살아 있거나 죽은 인물과 점심을 함께 할 수 있다면 누구를 고르겠느냐고 묻는다. 사실은 독서를 통해서 역사 속 모든 위대한 인물과 점심을 함께 할 수 있다. 독서를 이기는 것은 없다. 글을 잘 쓰고 말을 잘해야 하며 머릿속을 채워 넣어야 한다. 전날까지도 모르던 사실을 배운 채로 하루를 마치는 것이 인생 중 가장 멋진 순간이다."

동의한다. 내가 생각하는 독서의 최고 장점이 바로 이거다. 우리가 평생을 살아도 저명한 분들을 직접 만나기는 힘들지만, 그 작가들이 쓴 책은 읽을 수가 있다. 한국에 계시든 미국에 계시든 살아계시든 돌아가셨든 시공간을 막론하고 그분이 쓴 책 한 권만 사면, 내 방안에서도 그 사람의 이야기를 들을 수 있다. 독서만큼 시간 효율이 좋은 도구는 없다.

인생은
밸런스 게임

'그는 인격과 실력을 골고루 갖춘 사람이다.'라고 할 때 '골고루'의 뜻이 무엇일까? 인품과 능력 둘 중 어느 하나도 빠지지 않는다는 뜻일 것이다. 모두에게 인정받는 사람은 뭐든지 골고루 잘한다는 특징이 있다. 영어를 잘하는 사람은 영어 말하기, 듣기, 쓰기, 읽기를 다 잘한다. 사회생활을 잘하는 사람은 자기 일을 완벽히 하면서도 주변 사람을 챙길 줄 안다. 이것을 개인의 인생에도 접목해보자.

우리가 '인생을 잘 산다.'라고 했을 때도 마찬가지다. 돈만 많아서 될 게 아니라 건강도 유지해야 한다. 자기만의 시간도 중요하지만 가족과 보내는 시간도 필요하다. 일도 중요하지만 취미 활동도 즐겨야 한다. 즉, 어느 하나

과락 없이 '돈, 건강, 일, 가족, 취미' 이 모든 것을 고루고루 갖추고, 그 속에서 적절한 균형을 찾아야 한다. 인생의 시기에 따라 무게 중심을 옮겨가며 밸런스를 잘 잡아야 하는 것이다.

인생은 균형을 찾는 과정이다

몇 년 전부터, 인생은 밸런스 게임이라는 걸 깨닫게 되었다. '일'과 '생활'의 양립을 의미하는 '워라밸^{Work-Life Balance}'은 회사 일에만 치우치지 않고 개인의 여가와 가정에도 충실해야 함을 보여주는 문화다. 오늘날 직장인들에겐 목숨같이 지켜야 할 중요한 가치로 통하고 있다.

내가 그동안 등산, 마라톤, 수영 등의 취미를 즐기면서 느꼈던 생각은 '망중취미^{忙中趣味}'가 되어야 한다는 것이다. 취미가 주가 되어선 안 된다. 바쁜 와중에 취미생활을 즐겨야 한다. 그래야 그 시간이 더 달콤하고, 삶의 원동력이 되어 일에 활기를 불어넣어준다. 내가 안정적인 투자를 위해서 성실한 본업생활을 강조했던 이유도 비슷하다. 둘 중 하나만 무너져도 모든 게 무너지기 때문에 둘의 균형을 잘 맞춰야 한다.

인간관계도 마찬가지다. '함께 vs 따로'의 밸런스를 유지해야 한다. 나는 친구 사이 만남의 횟수에도 과유불급이 있다고 생각한다. 아무리 친해도 자주 만나면 질린다. 모든 걸 함께하려 덤비는 친구를 상대하는 것만큼 버거운 일이 없다. 2023년 어느 여름날, 강연 프로그램 〈세바시(세상을 바꾸는 시간 15분)〉를 보는데, 에세이 《그럴 수 있어》의 저자이자 가수 양희은 선생님이 나와서 내 마음을 끌어당기는 이야기를 하셨다.

"저는 친한 사람 자주 안 만나요. 그쪽에서 오거나 또는 진짜 내 마음에서 어느 날 개 생각이 굉장히 날 때, 마음에서 생각의 뭉게구름이 피어오를 때, 그럴 때 연락을 해요. 친하다고 막 맨날 만나서 어쩌고저쩌고가 없으니까, 오히려 오래갈 수 있는 비결 아닌가 싶어요.

난 어떤 면에선 사람과 사람 사이도 그렇게 긴밀하고 밀착된 거보다는 조금 바람이 통하는 관계? 선선한 바람이 지나가는 사이면 좀 더 오래갈 수 있는 것 같아요. 사람과 사람 사이도 별과 별 사이처럼. 하늘을 보면 바로 붙어있는 별이 가까워 보여도 수억 광년이나 떨어져 있는 것처럼. 우리 사이엔 이만한 거리가 있다. 대신 아파

줄 수도 없고 대신 죽어줄 수도 없고…"

나는 이 말이 인간관계의 진리이자, 시대를 관통하는 명언이라고 생각한다. 부모 자식 간도 마찬가지다. 아무리 내 배에서 나온 새끼라도 무조건 곁에 바짝 붙어 도움을 주는 것이 능사는 아니다. 지나친 관심은 집착이 된다. 부모는 부모대로, 자식은 자식대로 독립된 개체다. 때로는 적당한 간격을 두고 따로 걸어갈 필요가 있다. 부모 자식 간에도 똑똑하게 거리를 유지해야 건강한 관계를 지속할 수 있는 법이다.

나에게 맞는 균형점 찾기

재무 관리할 때 자주 쓰는 경제 용어로 '리밸런싱rebalancing'이라는 말이 있다. 한국어로 풀어 말하면 '자산 비중 재조정'이다. 즉, 자산 배분 전략에 따라 포트폴리오 비중을 주기적으로 조정하는 것을 뜻한다. 예를 들어 전체 자산에서 주식과 채권의 비중을 6:4로 세팅했는데 주식 가격이 올라서 비중이 7:3이 되면, 주식을 일부 매도하고 채권을 추가 매수하여 다시 6:4의 비율로 맞추는 과정이다.

여기서 주목할 점은 **초기에 설정한 목표 비율이 있다는 점이다.** 목표 비율이 없으면, 무엇을 기준으로 조정해야 할지를 몰라서 되는 대로 하다가 결국 한쪽으로 치우치는 결과를 낳게 될 것이다.

인생에 있어서도 마찬가지다. 인생의 밸런스 게임을 잘하기 위해서는 자신만의 기준이 확립되어 있어야 한다. 그다음부턴 쉽다. 나만의 기준을 지키려고 노력하다 보면 밸런스 조절 능력은 자연스럽게 생긴다. 서두에 말한 '돈, 건강, 일, 가족, 취미'를 예로 들자면, 이것들에 대해 각자가 설정한 비율을 항상 염두에 두고 그것을 큰 틀로 하여 균형을 잡으면 된다. 삶의 전반적인 영역에서 밸런스 유지만 잘 해도 인생은 무던하게 굴러갈 것이다.

실속 있는
젊은이구먼?

나는 친구들 사이에서 '실학파'란 소리를 종종 듣는다. 관상용보다는 실용, 체면보다는 실리를 생각해 결정하는 경우가 많기 때문이다. 체면이 밥 먹여주는 것도 아닌데 은근히 체면을 신경 쓰는 사람들이 많다. 체면 때문에 안 써도 될 돈을 쓰거나 체면 때문에 무리해서 능력 이상의 돈을 쓴다.

있는 척, 아는 척, 아니면 가난하지 않은 척하려고 식당이나 카페에서 실제 먹을 양보다 많은 메뉴들을 시킨다거나, 친하지도 않은 사람들 앞에서 한턱내겠다고 카드를 들고 설친다. 세계 인구 0.2%에 불과한 유대인이 어떻게 세계적으로 부의 상징이 될 수 있었는지를 다룬 《유대인 생각공부》라는 책에 보면 이런 이야기가 나온다.

부자인 사촌 형에게 "형님은 이렇게 부자인데 왜 새 옷을 한 벌도 안 사 입으세요? 남들 보는 눈도 있는데."라고 묻자 "그 체면이란 게 얼마짜리냐? 난 체면치레하는 데 돈 쓸 생각이 없다. 좀 더 적합한 곳에 쓸 생각이야."라고 답했는데, 그제서야 그가 부자가 된 이유를 이해할 수 있었다고 한다.

누구는 체면 신경 써서 허튼돈 쓰고 다닐 때, 다른 누구는 체면이 아니라 자신의 삶과 미래를 위해 철저히 준비하고 있다는 사실이다.

사람 간 체면은 꼭 외적으로만 있는 게 아니라 내면의 마음속에도 있어서 그 진심이 서로 통해야 한다고 보는데, 허례허식에 돈을 쓰는 경우가 너무 많다.

내가 원하는 것은 결혼식이 아니라 결혼

결혼식을 크게 하고 예물이나 혼수를 분에 넘게 장만하는 것도 다 체면 때문이다. 다 그런 건 아니지만 일부는 체면 때문에 청첩장을 주고 체면 때문에 축의금을 주기도 한다. 결혼 계절에는 서울에서 결혼식을 위해 움직이는 인구수만 하루 평균 20~30만 명이라고 한다. 이게 무슨 낭비인가?

　나는 부모님 수금 잔치를 위해 웨딩홀에서 30분 단위로 찍어내는 정신없는 결혼식을 하기 싫었다. 결혼에 대한 로망 따위 없었다(결혼식 안 하는 게 로망이었다). 우연히 한 결혼 준비 카페에서 배포한 것으로 보이는 '결혼비용 체크리스트'를 본 적이 있는데, 거기 있는 걸 다 한다고 생각하니 머리에 쥐가 났다. 내가 행복하기 위해 결혼을 하는 건데 결혼 준비부터 스트레스를 받아서 하나도 행복하지 않을 것 같았다. 그래서 다 생략했다.

　결혼식은 직계 가족끼리만 모여 한정식 식당에서 약식으로 했다. 한옥으로 멋들어지게 지어진 건물에 어울리는 한복을 대여해서 입었다. 웨딩드레스의 로망은 무슨, 편하고 뱃살 다 덮어주는 한복 덕분에 '결혼용 다이어트' 안 해도 돼서 좋기만 했다.

　회사 동료, 지인들에게는 양해를 구하고 청첩장을 돌리지 않았다. 청첩장을 안 하니까 스튜디오 사진이 필요 없어서 웨딩촬영도 생략했다. 예물 예단도 서로 안 했다. 결혼반지도 생략했다. 커플링 있는데 굳이 또 결혼반지를 맞출 필요가 있나 싶었다. 연애할 때 은 공방에서 서로에게 직접 만들어 준 4만 원짜리 커플링이 있었다.

나는 남편을 비행기 옆자리에서 만났다. 그래서 우리 둘의 운명적인 첫 만남을 항상 기억하고 초심을 잃지 말자는 뜻에서 우리가 처음 만난 항공기 편명(D7 519)을 반지에 새겼다. 이보다 더 특별하고 값진 혼인반지가 어디 있겠는가. 상견례 선물도 따로 안 했다. 상견례는 내 남동생 가게에서 했다. 요리사인 남동생이 시부모님과 시댁 식구들을 초대해서 정성스럽게 요리를 대접했는데 다들 아주 맛있다며 좋아하셨다.

미국 주식 배당금으로 다녀온 신혼여행

우리 부부는 양가 부모의 도움을 1원도 안 받고 결혼을 하는 거였기 때문에 어떻게든 우리 분수에 맞춰 실속 있게 결혼하는 게 중요했다. 예전에 "결혼의 화려함을 바라지 말고 결혼 생활의 풍족함을 바라는 게 현명한 것이다."라는 말을 들은 적이 있어서, 나는 남들한테 보이기 위한 쇼에 돈을 쓰는 대신 최대한 저축을 해서 여유로운 가정을 만들어야겠다는 생각이 항상 있었다.

그래서 당시 남자친구였던 남편한테 얘기했다. "우리,

266

허례허식 다 치우고 차라리 그 돈으로 우리 부부 평생의 자산 만들기에 집중하자. 그래야 노후에 더 여유 있게 살 수 있지 않을까?" 했더니 남편도 그러는 게 좋다고 했고, 이런 우리의 뜻을 양가 부모님도 지지를 해주셨다.

신혼여행도 남편이 준비 중이던 미국 자격증 시험에 얹어서 미국으로 다녀왔다. 당시 환율도 높고 시험 응시료도 비싸서 신혼여행 경비가 상당했는데, 다행히 그동안 꾸준히 모아둔 미국 주식 배당금이 있어서 추가 환전 없이 수중에 있는 달러로 모두 해결했다. 한마디로 얘기하면 내 로망대로 결혼하고, 주식 배당금으로 신혼여행만 갔다 온 것이다!

결혼을 하면 둘의 재산과 소득이 합쳐지면서 자산이 폭발적으로 증가하는 효과가 있어야 하는데 그게 아니라 오히려 줄어드는 집구석들이 많다. 신혼의 함정에 잘 빠지기 때문이다. 신혼이니까 무조건 '좋은 거', '새 거', '예쁜 거'만 하려고 하고, "이때 아니면 언제 하냐?" 하면서 신혼을 핑계로 큰돈을 무감각하게 쓴다.

"요즘 결혼할 때 다들 이 정도는 해요~" 하는 영업사원 말에 넘어가 있는 가전, 없는 가전, 없어도 되는 가전까지 싹 다 최신 라인으로 맞춘다. 신혼 인테리어는 또 종류가 어찌나 많은지. 비싼 가구를 들여 전세방을 채우기 시작한다. 그렇게 결혼 생활 시작과 함께 통장 잔고가 0원이 된다.

비싼 집을 사야지, 비싼 가구를 왜 사는 것일까. 결혼하는 게 뭐라고 명품 시계는 왜 맞추는 것일까. 결혼할 때 안 그래도 돈 많이 들어서 한 푼이라도 더 아껴도 모자랄 판에 왜 시작부터 쌍으로 가난해지는 짓을 하는 걸까.

신혼부부들이 전세라도 신축 아파트, 깨끗하고 화장실 두 개 있는 집, 고급 가구, 최신 가전에 집착하는 이유가 뭘까? 이게 다 그놈의 체면치레 때문이다. 깨끗하고 인테리어도 멋진 넓은 집에서 번듯하게 시작하는 것처럼 보이고 싶은 것이다. 하지만 이것은 번듯한 시작이 아니라 '남의 눈에 좋아 보이는 시작'일 뿐이다.

진짜 좋은 시작은 부부가 장기적으로 자산을 탄탄하게 일궈서 부자가 될 계획을 하는 것이다. 남한테 좋아보였으면 하는 마음으로 그동안 각자 힘들게 모은 돈을 결혼과 동시에 그렇게 쓰는 건 말 그대로 자산을 갉아먹는 짓이다.

결혼할 때는 남이 어떻게 보든가 말든가 부부의 실속만 챙겨야 한다. 어떻게 하면 우리가 결혼을 해서 함께 자산을 불릴 수 있을지 그것만 생각해야 한다. 현명하고 실속 있는 부부는 결혼할 때 돈 많이 안 쓴다. 씀씀이가 커지는 걸 경계하며 최대한 적게 쓰려고 한다. '이때 아니면' 소리 좀 제발 갖다버려라. 실속 있는 사람이 되자. 다들 실속형 상품 좋아하면서 왜 스스로는 '실속형 인간'이 되려고 하지 않는가.

남한테 묻지 말고 나한테 물어야 한다

인생에서 승차감과 하차감 중 무엇을 추구하며 살 것인가? 하차감을 좇는 건 인생의 결정권을 남에게 맡기는 것이다. "제 연봉에 어울리는 차는 뭘까요?"라며 커뮤니티에 올리는 사람들을 보아라. 연봉에 맞는 자동차가 도대체 어디에 있단 말인가.

인터넷에 보면 '소득별 자동차 계급도', '남자 지갑 계급도', '여자 가방 계급도' 같은 게 떠돌고 있다. 이런 것들을 따르는 건 자본주의 사회에서 공산주의로 사는 것과 같다. 자본주의에서는 자신의 취향에 따라 마음껏 소비할 수 있는 자유가 있는데, 남이 정한 틀에 갇혀 소비자의 권리를 스스로 잃고 있는 것이다.

자신이 살 지갑을 왜 남한테 물어보는가? 자기가 사고 싶은 걸 사면 되지. 제발 좀 취향 따라 살자. 취향은 개인마다 다른 게 정상이다. 가을에 단풍나무 하나를 보더라도 이제 막 물들기 시작하는 잎을 좋아하는 사람이 있고, 단풍잎이 완전히 진하게 물들었을 때를 좋아하는 사람이 있고, 낙엽이 져서 나무와 땅이 위아래로 붉게 어우러지는 시기를 좋아하는 사람이 있다.

이런 취향을 우리 모두 가지고 있다. 언제까지 체면을 차리며 살 것인가? 이제는 본인 취향도 존중해줘라. 자신의 취향을 따라가는 인생이 곧 충만하고 밀도 있는 삶이다.

인생 수레에
무엇을 채울 것인가

본래 내실에 보여줄 게 없는 사람일수록 겉치장에 신경을 많이 쓴다. 자기 자신을 과대 포장으로 부풀리는 것이다. 그러나 겉모습이 요란할수록 사람들은 당신을 '빈 수레'로 볼 것이다. 속이 꽉 찬 수레는 묵직해서 굴러갈 때 소리가 나지 않는다. 하지만 속에 든 것이 없는 빈 수레는 덜컹덜컹 소리가 난다.

인간도 마찬가지다. 속이 텅 빈 사람이 더 아는 체하고, 더 떠들어 대고, 겉모습도 더 시끄러운 법이다. 도로 한복판에서 현란한 굉음을 내며 지나가는 자동차. 그 운전자들은 자기가 우월하다고 생각할지 모르겠지만 시민들은 한심하게 생각하고 고개 돌릴 뿐이다. '아따, 요란하

다 요란해.' '빈 수레 끌고 다닌다고 욕본다!'

빈 수레의 요란함은 참 모른 척하기 힘들다. 그러니 빈 수레 티 좀 그만 내라. 남한테 보이는 것들 때문에 자신의 내실을 깎아 먹지 마라. 비어 있는 속부터 차근차근 채워라. 현명한 사람들은 속이 알찬 수레를 먼저 알아본다.

끊임없이 흘러가는 삶 속에 우리의 인생 수레는 하루도 쉬지 않고 굴러간다. 그 수레에 무엇을 담으며 살아갈지는 인생의 주인인 당신에게 달려있다.

'자기 과시', '허세', '허영'으로 채울 수도 있고, '내실', '진실', '실속'으로 채울 수도 있다. '방탕'으로 채울 수도 있고 '교양'으로 가득 채울 수도 있다. 당신은 한 번뿐인 인생에 무엇을 채우고 싶은가? 당신 삶 안에 더 들여놓고 싶은 것들은 무엇인가?

참고로 나는, 내 인생을 더 풍요롭게 하는 것들, 내 취향에 더 뾰족하게 닿은 것들, 내 영혼을 충족시켜 주는 것들, 나 자신이 더 떳떳해지는 그 모든 것들을 담으려고 한다. 그리하여 내가 죽고 나서 나의 묘비를 세울 때, 이 세상에서 그 누구보다 '알짜 인생'을 살다간 이로 기억되고 싶다.

인생은 폭풍이 지나가기를
기다리는 게 아니라 빗속에서도
춤추는 법을 배우는 것이다

지난 6월, 인도네시아 발리에서 한 달 살기 중인 친구를 만나러 가기 위해 휴가를 냈다. 부산에서는 발리로 가는 직항이 없어서, 베트남 호치민에서 19시간 레이오버 후 발리로 들어가는 항공권을 예매했다. 호치민에서의 하루를 어디서 보낼까 고민하다, 도착 다음 날 새벽 비행기를 타야 하는 일정을 고려해 공항 근처 숙소를 예약한 후 여행길에 올랐다.

호치민 떤선녓 공항에 도착해서 지도를 따라 걷다 보니 4분 만에 어느 작은 아파트에 도착했다. 호스트 Phuong이 배낭 하나 달랑 메고 저벅저벅 걸어온 나를

로비에서부터 반갑게 맞아줬다. 집으로 들어가니 내가
머물 방 한 칸이 정갈하게 준비돼있었다.

"나 아까 너 랜딩 하는 거 다 봤어."

Phuong의 손이 가리키는 곳을 따라 창밖을 보니 정
말로 활주로가 코앞에 보였다.

"오, 그러네! 완전 공항 뷰네!"

이 정도로 가까운 공항 뷰 숙소에 묵는 건 처음이었다.

"근데 공항 근처에 살면 시끄럽지 않아?"

나의 '우문'에 Phuong이 '현답'했다.

"내가 어떻게 할 수 있는 게 아니니까. 그냥 자연의 소
리처럼 그러려니 하고 살아."

나보다 10년은 더 산 것 같은 베트남 여성이 툭 내뱉
은 말에 원효대사의 해골 물 일화가 떠올랐다. 그녀가
마음을 달리 먹으면 하루하루가 괴로울 수도 있는 것이
었다.

'아, 그렇지. 모든 건 자기 마음에 달렸지.'

그날따라 비행기 소음이 하나도 시끄럽게 느껴지지
않았다. 나도 내일 저 비행기를 타고 발리로 간다고 생각
하니 설렜는지 밤이 깊은 줄도 모르고 창가에 붙어서 비

행기가 뜨고 내리는 걸 하염없이 바라봤다. 주황색 불빛이 드문드문 켜진 공항 야경이 황홀해 보이기까지 했다. 역시 인생은 마음먹기에 달린 것이구나. 그냥 매일이 이렇게 여행이라고 생각하면 될 것을.

청춘은 파도치는 바다 위에서 아슬아슬하게 수평을 맞추며 서핑을 하는 모습을 떠오르게 한다. 파도의 종류, 파도의 주기를 살피며 서핑을 하는 것처럼 밀려오는 고난과 역경을 튼튼한 두 다리로 요리조리 리듬을 타며 넘어가는 게 인생이지 싶다.

Life isn't about waiting for the storm to pass. It's about learning to Dance in the rain.

(인생은 폭풍이 지나가기를 기다리는 게 아니라 빗속에서도 춤추는 법을 배우는 것이다.)

인생에서 폭풍우와 같은 어려운 시기가 찾아오는 것을 피할 수는 없다. 하지만 비가 내리는 속에서도 춤출 수 있는 그 마음. 결국 중요한 건 삶의 태도가 아닐까.

이 책은 내가 결혼하고 신혼여행을 다녀온 직후인

2023년 10월부터 2024년 6월까지, 9개월간의 노력으로 완성했다. 덕분에 신혼 생활의 대부분을 도서관에서 보냈다. 주말부부가 주말에 놀러 다니는 대신 도서관 붙박이를 택했다. 나는 쉼 없이 책을 썼고, 남편은 쉼 없이 책을 읽었다. 도서관 창문 밖으로 보이는 날씨가 좋아서, 좋지 않아서 글쓰기가 힘들었던 나를 버틸 수 있게 도와준 신랑에게 고맙다.

어떤 날은 하루 종일 앉아 있어도 글이 한 글자도 안 써졌고, 어떤 날은 실컷 써놓은 글이 마음에 안 들어 다 지운 적도 있었다. '나는 글쓰기랑 안 맞는 걸까?' 좌절되는 순간이 올 때마다, 그래도 "내 딴에는 하는 데까지 해봤다."고 말할 수 있을 때까지 최선을 다해 쓰자고 다짐했다. 그래야 나중에 덜 부끄러울 테니.

"세상을 살아가는 마인드와 철학이 확고한 작가님의 생각을 담아보고 싶어요."

이 책을 담당한 김승민 편집자와 첫 미팅을 가졌던 날, 그녀는 지식을 아는 것보다 마음가짐이 먼저라면서 '할미언니의 생각을 담은 책'을 내보는 게 어떻겠냐고 말했다. 재테크 꿀팁뿐 아니라 건강 관리, 마음 관리, 인간관계, 일에 대한 철학 등 나의 '나신교(나 자신을 믿는)'를 담으면 좋겠다고 했다. 이전에도 수많은 출간 제의를 받았지만 이렇게 내 귀를 솔깃하게 만드는 제안은 처음이었다. 그렇게 그녀에게 홀린 듯 집필을 시작했고, 자본주의 세상에서 인생을 항해하는 나만의 가치관을 가감 없이 써 내려갔다. 작가의 일정을 배려하면서도 살뜰히 원고 마감을 챙기는 그녀를 보며 '사람이 어떻게 이렇게 상냥하고 야무질 수 있지?' 하는 생각을 했다. 내 머릿속에 들어앉은 듯 센스가 뛰어난 편집자의 가이드가 없었다면, 이 책이 이렇게까지 완성도 높게 정리되지 못했을 것이다.

독서를 할 때는 책에서 한 문단 혹은 한 문장만 건져도 그 책을 읽은 의미가 있는 거라고 한다. 나도 집필을 하면서 우리 독자들에게 꽂힐 그 한 문장이 뭐가 될지를 끊임없이 연구했다. 무엇보다 유튜브에서 못다 한 이야기, 영상에서 정말 하고 싶었지만 못다 했던 이야기들을 담으려고 노력했다. 어쩌면 인생의 변곡점에 있을지도 모를 당신에게 이 책이 삶의 방향을 바꿀만한 용기를 주었길 바란다.

돈 공부를 시작하고
인생의 불안이 사라졌다

초판 1쇄 발행 2024년 09월 04일
초판 5쇄 발행 2024년 12월 12일

지은이 할미언니
펴낸이 김상현

총괄 유재선　**기획편집** 전수현 김승민 주혜란　**디자인** 이현진
마케팅 김지우 김예은 송유경 김은주 남소현 성정은
경영지원 이관행 김범희 김준하 안지선

펴낸곳 (주)필름
등록번호 제2019-000002호　**등록일자** 2019년 01월 08일
주소 서울시 영등포구 영등포로 150, 생각공장 당산 A1409
전화 070-4141-8210　**팩스** 070-7614-8226
이메일 book@feelmgroup.com

필름출판사 '우리의 이야기는 영화다'
우리는 작가의 문체와 색을 온전하게 담아낼 수 있는 방법을 고민하며 책을 펴내고 있습니다.
스쳐가는 일상을 기록하는 당신의 시선 그리고 시선 속 삶의 풍경을 책에 상영하고 싶습니다.

홈페이지 feelmgroup.com　**인스타그램** instagram.com/feelmbook

ⓒ 할미언니, 2024

ISBN 979-11-93262-23-8(03320)

- 이 책 내용의 일부 또는 전부를 재사용하려면 반드시 필름출판사의 동의를 얻어야 합니다.
- 책값은 뒤표지에 있습니다. 잘못 만들어진 책은 구입처에서 교환해 드립니다.